크리마트

Drawing Art on Coffee

크리마트

이강빈 지음

동양북스

Prologue

크리마트, 일상과 예술을 잇다

한 잔의 커피는 바쁜 일상생활 속에서 잊고 있었던 삶의 여유를 되찾아 줍니다. 소중한 사람과 함께 나누는 커피는 잊지 못할 추억이 되고, 혼자일 때 즐기는 커피는 지친 마음을 위로해 주죠. 이처럼 소소한 행복을 선사하는 커피 한 잔에 특별한 가치를 더하는 작업, 평범한 일상과 특별한 예술을 잇는 작업이 바로 크리마트입니다.

크리마트를 만들어 내는 데 오랜 시간 공들여 연마해야 하는 기술이나 심오한 지식은 필요하지 않습니다. 나만의 특별한 음료를 만들어 보는 즐거움을 만끽하고 싶은 사람이라면 누구나, 커피에 남다른 열정을 갖고 있는 사람이라면 누구나 크리마트를 제조할 수 있지요. 이 책에 소개된 레시피에는 10년 이상 크리마트를 제조하며 터득한 나름의 노하우가 녹아 있습니다. 이 책이 전문 바리스타에게는 커피 제조 분야에 대한 시야를 넓힐 수 있는 계기가 되기를, 커피 애호가에게는 바리스타 못지않게 근사한 음료를 만들어 내는 데 유용한 지침이 되기를 희망합니다.

Contents

Prologue 크리마트, 일상과 예술을 잇다 ········ 4

PART 1 | 처음 시작하는 크리마트

예술과 커피의 만남, Cremart ········ 10

Essentials #1 베이스 ········ 12
어린이를 위한 우유 베이스 | 로맨틱한 칵테일 베이스 | 커피 장비가 필요 없는 믹스 커피 베이스 |
고급스러운 수제 시럽 베이스 | 달콤한 설탕 시럽 베이스 | 깊고 진한 콜드브루 베이스크림 종류 찾기 |
음료의 밸런스 맞추기 | 담백한 크림 만들기 | 크리마트 크림 농도 조절하기

Essentials #2 크림 ········ 14
알맞은 크림 고르기 | 당도 밸런스 맞추기 | 담백한 크림 만들 | 농도 조절하기

Essentials #3 재료 & 도구 ········ 18

Essentials #4 테크닉 ········ 20
에칭펜 테크닉 | 도트펜 테크닉 | 스푼 테크닉 | 명도 조절하기 | 묘사하기

PART 2 | 일상이 특별해지는 크리마트 레시피

chapter 01 나만의 여행을 마시다 ········ 34
봄을 싣고 온 자전거 | 레트로 카메라 | 동화 속 풍차 마을 | 타워브릿지 | 에펠탑 | 개선문 | 콜로세움 | 자유의 여신상 | 피사의 사탑

chapter 02 아름다운 예술을 마시다 ········ 54
몬드리안, 〈콤포지션 2〉 | 앤디 워홀, 〈꽃〉 | 모네, 〈수련〉 | 클림트, 〈나무〉 | 이중섭, 〈비둘기〉 | 호쿠사이, 〈파도〉 | 신윤복, 〈미인도〉 | 고흐, 〈별이 빛나는 밤에〉 | 뭉크, 〈절규〉

chapter 03 아련한 추억을 마시다 ········ 74
추억의 졸업식 | 그 겨울 눈사람 | 감사를 담은 카네이션 | 설렘 가득 발렌타인데이 | 달콤한 생크림 케이크 | 오색 품은 루돌프 | 행운을 부르는 복주머니 | 열정의 빨간 장미 | 단 하나뿐인 생일 케이크

chapter 04 흔들어 재미있게 마시다 ········ 94
둥실둥실 돛단배 | 살랑살랑 바람개비 | 훨훨 나는 비행기 | 흔들흔들 목마 | 뒤뚱뒤뚱 펭귄 | 멀뚱멀뚱 판다 | 초롱초롱 빛나는 촛불 | 하늘하늘 꽃피는 봄 | 불긋불긋 벚꽃 그네

chapter 05 신기한 입체 그림을 마시다 ········ 114
하늘에 띄운 방패연 | 가을 빗속 푸근한 마음 | 괴롭히면 안 돼요 | 생선 한 입 베어 문 냥이 | 시원한 맥주 한 잔 | 뱀파이어의 키스 | 내 안경 돌려줘요 | 나 좀 놔줘요 | 여기서 주무시면 안 되죠

chapter 06 소소한 행복을 마시다 ········ 134
수줍은 곰돌이 | 탐스러운 포도 한 송이 | 분홍빛 심해 물고기 | 행복한 아기 곰과 엄마 곰 | 싱그러운 오렌지꽃 | 사랑을 전하는 하트 | 건강한 차 한 잔 | 둥실 떠오르는 풍선 | 커피 한 잔의 여유

chapter 07 멋스러운 손글씨를 마시다 ········ 154
늘 사랑합니다 | 새해 복 많이 받으세요 | 생일 축하합니다 | 기분 좋은 날 | 별빛이 쏟아지는 밤 | 한가위만 같아라 | 오싹한 할로윈 데이 | 메리 크리스마스 | 부자 되세요

PART 1

처음 시작하는 크리마트

예술과 커피의 만남, cremart

크리마트는 커피 용어인 크림Cream과 아트art를 합친 말로, 기존의 커피 아트와 비슷하면서도 그림을 보다 세밀하고 섬세하게 구현한다는 점에서 이전에는 없던 새로운 음료라 할 수 있습니다. 스팀밀크로 특정한 모양이나 문자를 표현하는 기술 또는 방식을 흔히 '라테아트'라고 부르는데, 따뜻하게 데운 스팀밀크를 이용하다 보니 라테아트를 구현하는 시간이 길어질 경우 커피가 식어 맛이 변질되기 쉽고, 우유의 흰색과 커피 본연의 갈색 두 가지로 색 표현이 제한된다는 한계가 있지요.
크리마트는 맛이 변질되는 것을 방지하기 위해 찬 음료를 베이스로 이용합니다. 또 스팀밀크가 아닌 휘핑크림을 화폭 삼아 다양한 색상의 식용 색소로 그림을 구현할 수 있어 커피 아트를 한 차원 끌어올렸다는 평가를 받고 있습니다.
캔버스 위에 그린 그림처럼 생동감 넘치는 크리마트를 만드는 방법은 생각보다 간단합니다. 차가운 베이스 위에 부드러운 크림을 얹고 원하는 색상을 이용해 그림을 그리기만 하면 되죠. 그림에 소질이 없어도 크리마트로 누구나 세상에 하나뿐인 자신만의 음료를 만들어 낼 수 있습니다.

Essentials #1
베이스

어린이를 위한 우유 베이스
초코 우유, 딸기 우유, 바나나 우유 등 쉽게 구할 수 있는 우유를 이용한 베이스. 평범한 우유로도 중독성 강한 크리마트를 제조할 수 있습니다.

로맨틱한 칵테일 베이스
보드카, 깔루아 등 알코올을 첨가해 로맨틱한 분위기를 연출할 때 좋은 베이스. 깔루아가 첨가된 베이스는 크리마트 본연의 맛을 유지하면서도 강렬한 느낌을 선사하죠.

커피 장비가 필요 없는 믹스커피 베이스
시중에서 판매하는 믹스커피(아이스커피)로도 얼마든지 크리마트를 제조할 수 있습니다.

고급스러운 수제시럽 베이스
수제 바닐라 시럽을 첨가한 바닐라 밀크 베이스는 고급스러우면서도 달콤한 맛이 특징입니다. 바닐라 시럽이 깊은 풍미를 더해 주기 때문이죠. 바닐라 시럽은 설탕 300g + 뜨거운 물 300g + 바닐라빈 2개로 쉽게 만들 수 있습니다.

달콤한 설탕 시럽 베이스

커피나 우유 대신 설탕 시럽을 첨가한 베이스도 제조할 수 있습니다. 우유 100ml + 설탕 시럽 10g/바닐라 시럽 10g을 섞으면 달콤한 우유 베이스/바닐라 우유 베이스를 만들 수 있습니다.

깊고 진한 콜드브루 베이스

원두와 물을 1:10 비율(원두 10g에 물 100g)로 2초에 한 방울씩 커피를 추출해 냉장 보관한 콜드브루 원액을 이용한 베이스. 원두의 로스팅 정도, 분쇄 굵기에 따라 비율은 달라질 수 있으니 기호에 맞게 추출 비율을 조절하세요.

콜드브루 원액은 일주일, 길게는 한 달까지 냉장 보관할 수 있고 1~2일 정도 저온 보관하면 와인처럼 숙성된 맛을 음미할 수 있습니다. 커피 베이스 본연의 맛을 살리고 싶다면 콜드브루 베이스를 추천합니다.

시중에 판매되는 콜드브루 원액으로 베이스를 제조할 경우 콜드브루 70g + 우유 30g + 설탕 시럽 10g 비율로 섞어 잘 저어 준 후, 적당한 농도의 휘핑크림 40g을 얹습니다. 이때 베이스와 크림을 포함한 크리마트의 총 용량은 150ml(5oz)이 적당합니다. 콜드브루 베이스에 휘핑크림과 초코 소스를 섞은 초코 크림을 얹어 제조할 경우 베이스는 콜드브루 70g + 우유 30g, 초코 크림은 휘핑 크림 40g + 초코 소스 10g 비율로 총 150g이 되도록 조절하세요.

Essentials #2
크림

알맞은 크림 고르기
식물성 크림은 식물성 유지인 팜유, 채종유, 대두유 등의 식용유에 유화제 등을 넣어 농도를 조절하고 각종 향료나 당을 첨가한 크림을 말합니다. 흔히 '생크림'이라고 부르는 제품이 동물성 크림입니다. 크리마트 초보자인 경우 식물성 크림을 권합니다. 동물성 크림보다 질감이 더 매끄러운 데다 가당 처리가 돼 있어 당을 따로 첨가할 필요가 없으니까요. 유통기한이 길다는 장점도 있습니다.

당도 밸런스 맞추기
크리마트는 아래쪽의 차가운 음료와 위쪽의 크림 당도를 조절해 맛의 균형을 잡는 과정이 중요합니다. 베이스가 너무 달면 크림의 당도를 낮추고, 반대로 베이스의 당도가 낮으면 크림의 당도를 높여야 맛의 균형을 잡을 수 있죠. 우유를 첨가해 휘핑해야 훨씬 당도가 낮은 담백하고 부드러운 크림을 만들 수 있습니다.

담백한 크림 만들기
동물성 크림을 사용한다면 크림에 설탕을 넣어 가며 당도를 조절하고, 식물성 가당 크림을 사용한다면 크림에 우유를 넣어 당도를 조절합니다. 크림과 우유의 비율은 3:1이 가장 적당합니다. 일반 휘핑크림보다 담백한 휘핑을 만들고 싶다면 <u>설탕 시럽 10g + 콜드브루 70g + 우유 30g</u> 비율의 베이스에 <u>식물성 가당 크림 30g + 우유 10g</u> 비율로 조절합니다.

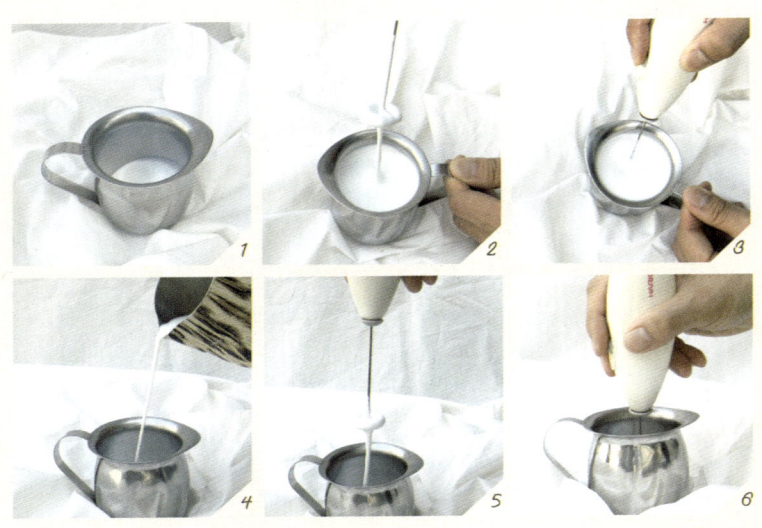

농도 조절하기

크리마트는 아래쪽 베이스와 위쪽 크림의 농도와 비율을 알맞게 맞춰 균형감을 잡는 게 가장 중요한 만큼 크리마트도 완벽한 농도를 맞추는 과정이 필요합니다. 그래야 베이스와 크림을 조화롭게 맛볼 수 있으니까요. 그러려면 먼저 넓적한 컵이 아닌 깊은 컵에 크림을 넣고 휘핑해야 합니다. 거품기를 깊이 넣어야 공기 방울이 크게 형성되지 않고 점성도 조금씩 높일 수 있기 때문이죠. 살짝 컵을 기울이면 크림을 좀더 섬세하게 휘핑할 수 있습니다. 빠른 시간 내 공기 방울 없이 점성을 쫀쫀하게 만드는 게 중요합니다. 크림이 너무 단단해졌다면 우유를 미량 첨가해 저어 보세요. 금세 점성이 풀리니 크게 걱정할 필요는 없습니다. 다만 우유를 첨가하는 과정이 반복되면 크림이 한없이 늘어날 수 있다는 데는 유의하세요.

Tip 커피 베이스 구입하기
커피 베이스를 제대로 맛보고 싶다면 가까운 카페나 편의점에서 콜드브루 원액을 구입해 사용하고, 입맛이 그다지 까다롭지 않다면 인스턴트 커피로 대체해도 좋습니다.

Essentials #3

재료 & 도구

작은 컵(150㎖)

에칭펜

전동거품기

스푼

도트펜

구입처

온라인 사이트
네이버페이, 쿠팡, 옥션 등 오픈 마켓, 일온스 www.coffee.co.kr, 메가커피 http://www.megacoffee.co.kr, 카페뮤제오 http://www.caffemuseo.co.kr 등 커피 전문 마켓에서 구입할 수 있습니다.

오프라인 구매처
각 재료별로 크기와 모양 등을 직접 확인하고 싶다면 남대문 커피 상가(커피 관련 장비 및 소스류)나 방산시장(식용 물감)을 이용하세요.

전자저울

식용 색소(시럽)

Essentials #4
테크닉

에칭펜 테크닉

송곳 모양의 에칭펜은 얇은 선을 긋거나 명도를 조절하는 등 다양한 기법을 적용할 때 쓰는 만능 도구입니다. 선을 수정하거나 그림을 지울 때도 유용하죠. 다양한 굵기의 에칭펜을 구비해 두면 선 굵기를 조정할 때 편리합니다.

색 뭉개기
에칭펜으로 크림 위의 물감을 뭉개듯 크림과 색을 조금씩 섞어 주면 명도를 조절할 수 있습니다.

선 그리기

먼저 에칭펜에 초코 소스를 깊이 찍어야 합니다(에칭펜 끝에 초코 소스가 뭉치지 않도록 주의하세요). 크림에 에칭펜을 살짝 대고 선을 긋기 시작해 점점 펜을 깊이 넣으며 선을 길게 뺍니다. 초코 소스를 크림에 살짝 얹는다는 느낌으로 그리면 한결 쉽습니다.

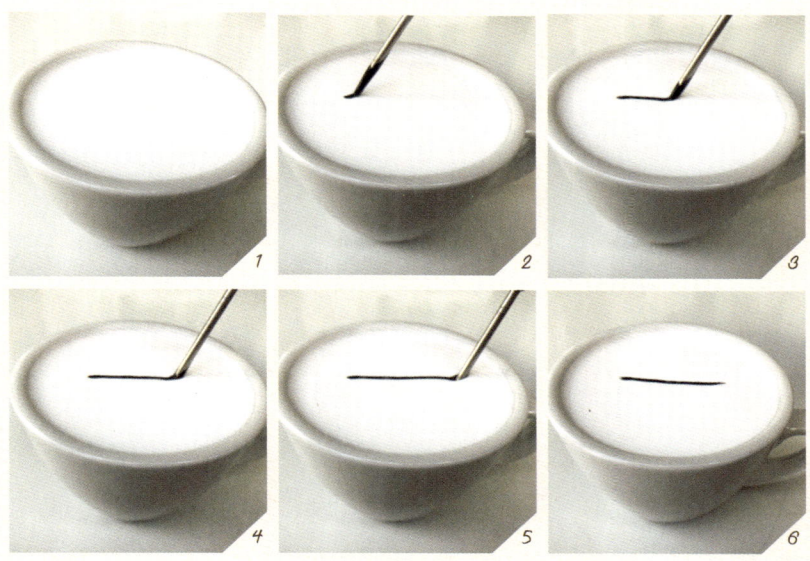

선 교차시키기

크리마트는 흔들리는 액체 위에 그림을 그리는 작업인 만큼 고정된 도화지에 그리는 것과는 느낌이 다를 수밖에 없습니다. 가령 두 개의 선을 한 획씩 그어 교차시키면 두 번째 획이 크림과 함께 움직이면서 먼저 그려둔 선이 밀려나 비뚤어지게 되죠. 이때는 미리 그려 둔 선의 중앙에서 두 번의 획으로 선을 나누어 그려야 깔끔하게 표현할 수 있습니다.

I 잘못된 예

I 올바른 예

선 지우기

잘못 그린 선을 지울 때는 에칭펜을 크림 깊숙이 집어넣은 후 서서히 빼내면서 크림 위의 색을 걷어내듯 선을 끌어당깁니다.

선 밀기

선을 밀어내 휘어진 모양을 연출할 수도 있습니다. 반대로 곡선을 일직선으로 만들고 싶다면 선에 직접 닿지 않은 주변의 크림을 살짝 밀어내면서 선을 펴 줍니다. 자칫 주변 그림도 함께 밀리기 쉬우니 가급적 수정은 최소화하는 게 좋습니다.

Tip 한 손엔 도구, 한 손엔 냅킨을 준비하세요

크림에 에칭펜, 스푼 등으로 그림을 그리다 보면 아무래도 색이 도구에 묻어날 수밖에 없습니다. 깨끗하고 또렷한 그림을 그리고 싶다면 도구를 사용할 때마다 매번 깨끗이 닦아낸 후 다시 물감을 묻혀 그림을 그려야 합니다. 도구에 흰색 크림이 묻은 상태로 작업을 이어가면 원하는 색깔을 선명하게 표현해 낼 수 없으니까요.

도트펜 테크닉

점을 찍거나 좁은 면적을 색칠할 때는 도트펜을 사용합니다(네일아트 도구인 스틸푸셔를 써도 좋습니다).

점 찍기
점을 찍는 기법은 면적을 매끈하게 색칠할 때보다 명암을 표현할 때처럼 자연스러운 느낌을 연출하고 싶을 때 유용합니다. 크림에 도트펜을 살짝 넣었다 빼는 과정을 반복하면 배경인 크림과 물감이 섞이면서 자연스러운 점이 만들어집니다.

면 색칠하기
도트펜으로 조금씩 범위를 넓혀 나가며 색을 칠하면 면이 완성됩니다.

스푼 테크닉

넓은 면적을 색칠할 때는 스푼을 사용합니다. 끝이 약간 좁은 타원형 스푼은 둥근 원을 보다 세밀하게 표현할 때 유용합니다.

면 그리기
스푼 머리의 바깥쪽 둥근 부분으로 색을 넓게 펴 바릅니다.

원 그리기

스푼으로 물감을 크림 위에 한 방울 떨어뜨리면 둥근 형태가 만들어지긴 하지만 뚜렷한 원을 그리는 데는 한계가 있습니다. 원을 좀 더 섬세하게 표현하고 싶다면 입구가 좁은 소스통을 이용해 보세요. 소스통을 누르는 압력을 조절하며 물감을 떨어뜨리면 원의 크기도 자유자재로 조절할 수 있습니다.

| 스푼으로 원 그리기

| 소스통으로 원 그리기

명도 조절하기

진한 색
크리마트는 마치 유화를 그리듯 배경 위에 크림 물감을 차곡차곡 얹으며 색칠하는 원리로 완성되는 그림입니다. 그러니 색을 겹겹이 펴 발라 덧칠하면 색도 점점 진해지지요.

연한 색
반대로 연한 색감을 표현하고 싶다면 수채화에 채색을 하듯 배경인 크림에 물감이 서서히 스며들게 해야 합니다. 그러려면 색칠한 부분과 배경(크림)을 살살 뭉개듯 휘저어 뒤섞어야 합니다.

묘사하기

단순 묘사
단순한 형태를 잡을 때는 선을 여러 번 덧그리기보다 한 번에 선을 그려야 지저분해지지 않습니다. 에칭펜에 초코 소스를 깊게 찍어 한 번에 선을 길게 그려 보세요. 에칭펜을 크림에 대고 선을 긋기 시작하다가 펜을 점점 깊이 넣으며 선을 길게 빼는 게 깔끔한 선을 그리는 요령입니다.

세부 묘사
선을 세밀하게 표현할 때는 에칭펜에 초코 소스를 아주 약간만 찍은 후 배경이 되는 크림과 닿을 듯 말 듯한 느낌으로 그립니다. 에칭펜을 쥔 손에 힘이 많이 들어가거나 손이 떨릴 때는 반대쪽 손으로 펜을 쥔 손의 손목을 잡고 그립니다.

> **Tip 그림 실력이 뛰어나야 할까요?**
> 그림을 잘 그리지 못하더라도 레시피를 차근차근 따라 하다 보면 얼마든지 완성도 높은 작품을 만들어 낼 수 있습니다.

PART 2

일상이 특별해지는 크리마트 레시피

Chapter 01

나만의
여행을
마시다

01 / 봄을 싣고 온 자전거

Drawing Recipe
★☆☆☆☆

재료 물감(식용 색소를 섞은 크림), 초코 소스 도구 에칭펜, 도트펜

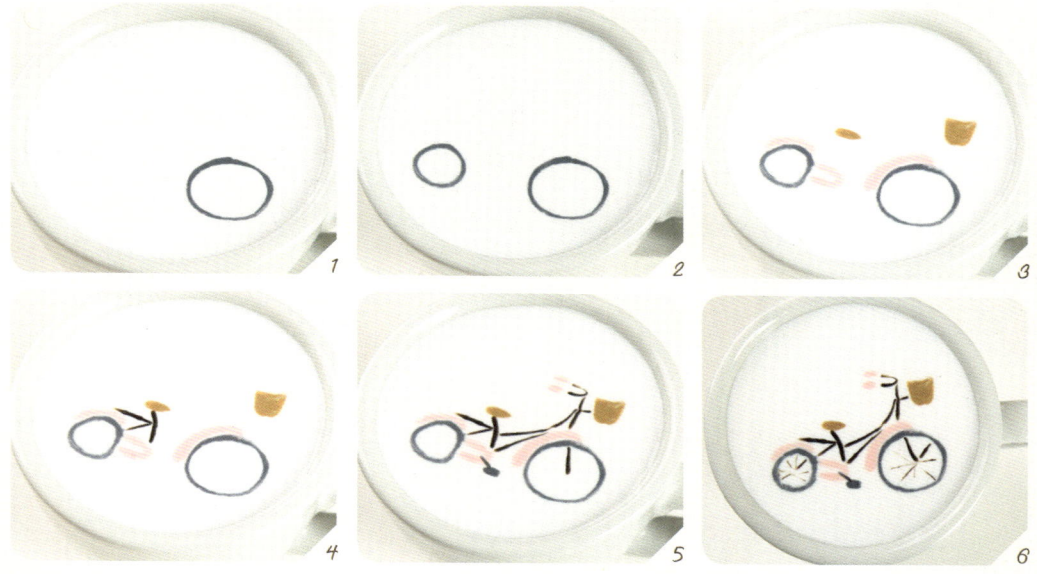

1-2   파란색 물감을 찍은 에칭펜으로 크기가 다른 원 두 개를 그립니다.

3   분홍색 물감을 찍은 에칭펜으로 먼저 그려 둔 원에 닿지 않도록 주의하며 자전거 프레임을 표현한 후, 갈색 물감을 찍은 에칭펜으로 바구니와 안장을 그려 넣습니다.
   °갈색 물감 대신 에스프레소, 믹스 커피, 초코 소스를 써도 됩니다.

4   초코 소스를 찍은 에칭펜으로 각 부속을 연결하는 선을 그려 메인 프레임을 완성합니다.

5-6   파란색 물감을 찍은 도트펜으로 페달을 그리고 분홍색 물감으로 손잡이를 그려 넣은 후, 초코 소스를 찍은 에칭펜으로 바퀴살을 표현합니다.

02 / 레트로 카메라

Drawing Recipe
★☆☆☆☆

재료 물감(식용 색소를 섞은 크림), 초코 소스, 크림   도구 에칭펜, 스푼

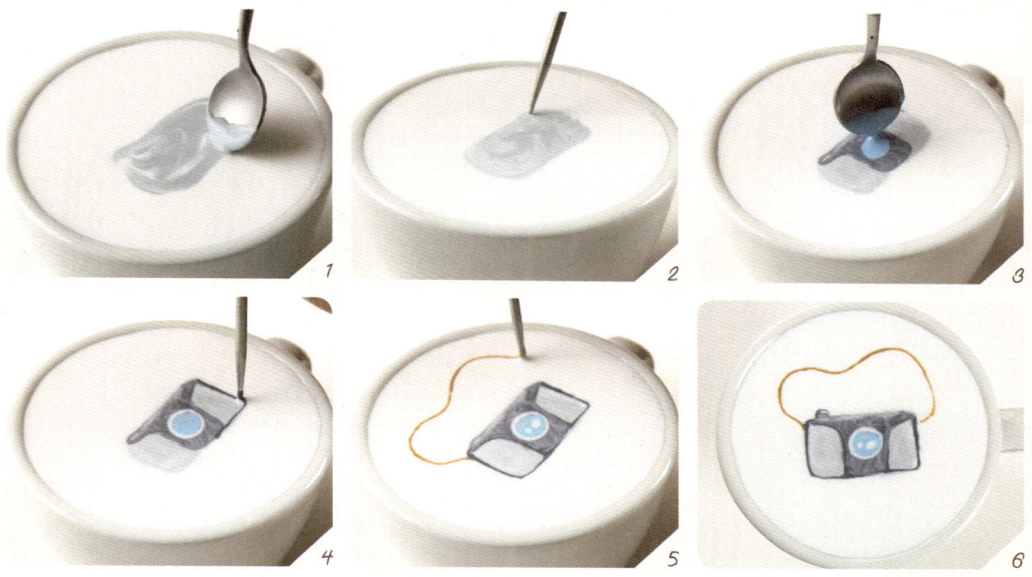

1 스푼으로 파란색 물감을 크림 위에 퍼 발라 카메라의 네모난 형태를 잡습니다.

2 에칭펜으로 크림을 뭉개며 색을 고르게 표현하고 윤곽선을 다듬어 줍니다.

3 둥근 스푼으로 파란색 물감을 먼저 그려 둔 카메라의 가운데 지점에 한 방울 떨어뜨려 렌즈를 표현합니다.

4 초코 소스(또는 검은색 물감)를 찍은 에칭펜으로 카메라의 윤곽선을 그려 넣어 네모난 형태를 보다 뚜렷하게 표현합니다.

5-6 크림을 찍은 에칭펜으로 렌즈에 반사광을 표현한 후, 갈색 물감으로 카메라 끈을 그려 넣습니다.
  ° 카메라 끈처럼 얇은 선을 세밀하게 표현할 때는 에칭펜을 이용합니다.

03 / 동화 속 풍차 마을

Drawing Recipe ★★☆☆

재료 물감(식용 색소를 섞은 크림), 초코 소스　도구 에칭펜, 스푼

1   초코 소스를 찍은 에칭펜으로 지평선을 그리고 풍차의 형태를 잡습니다.

2   초코 소스를 찍은 에칭펜으로 풍차 위쪽에 네 개의 타원을 그려 넣어 날개를 표현한 후, 진회색 물감을 찍은 에칭펜으로 날개를 색칠합니다.
　　° 색칠할 때는 굵은 에칭펜을 이용합니다. 굵은 에칭펜이 없다면 젓가락을 써도 됩니다.

3   빨간색·노란색 물감을 찍은 에칭펜으로 세모난 지붕을 그려 넣습니다.

4   스푼으로 파란색 물감을 크림 위에 찍어 내듯 구름을 표현합니다. 스푼을 크림에 살짝 대듯 표현해야 작은 구름이 만들어집니다.

5-6 에칭펜으로 파란 물감을 살짝 뭉개며 구름의 결을 표현합니다.

04 / 타워브릿지

Drawing Recipe ★★★☆☆

재료 물감(식용 색소를 섞은 크림), 초코 소스 도구 에칭펜, 스푼

1. 스푼 바깥쪽 둥근 부분에 물감을 찍어 선을 교차시키듯 펴 바르며 배경을 색칠합니다. 오른쪽에서 왼쪽, 또는 왼쪽에서 오른쪽으로 한 방향으로 한 번에 그어야 자연스러운 선을 연출할 수 있습니다.
2. 초코 소스를 찍은 에칭펜으로 타워브릿지의 윤곽선을 그립니다.
3-6. 에칭펜으로 음영을 넣어 세부를 묘사합니다.
   °윤곽선 등 단순 묘사에서 세부 묘사 순으로 그려 나갑니다.
7-8. 초코 소스를 찍은 에칭펜으로 살짝 구부러진 선을 그리고 짧은 선을 여러 번 덧그려 강의 경계면과 흔들리는 물결을 표현합니다.

05 / 에펠탑

재료 물감(식용 색소를 섞은 크림), 초코 소스   도구 에칭펜, 도트펜, 스푼

1-2 스푼으로 파란색 물감을 크림 위에 펴 발라 하늘을 표현합니다.
3   에칭펜으로 파란색 물감을 조금씩 걷어내며 흘러가는 구름을 표현합니다.
4   회색 물감을 찍은 도트펜으로 구름의 음영을 표현합니다.
5   초록색 물감을 찍은 도트펜으로 남은 크림 바탕에 점점이 색을 입혀 잔디를 표현합니다.
6   갈색 물감를 찍은 도트펜으로 에펠탑의 형태를 잡습니다.
7-8 초코 소스를 찍은 에칭펜으로 아래쪽부터 색을 덧입혀 에펠탑의 윤곽과 세부를 표현합니다.
9   검은색 물감을 찍은 도트펜으로 잔디에 명암을 표현해 입체감을 살립니다.

06 개선문

Drawing Recipe ★★★★☆

재료 물감(식용 색소를 섞은 크림), 초코 소스   도구 에칭펜, 스푼

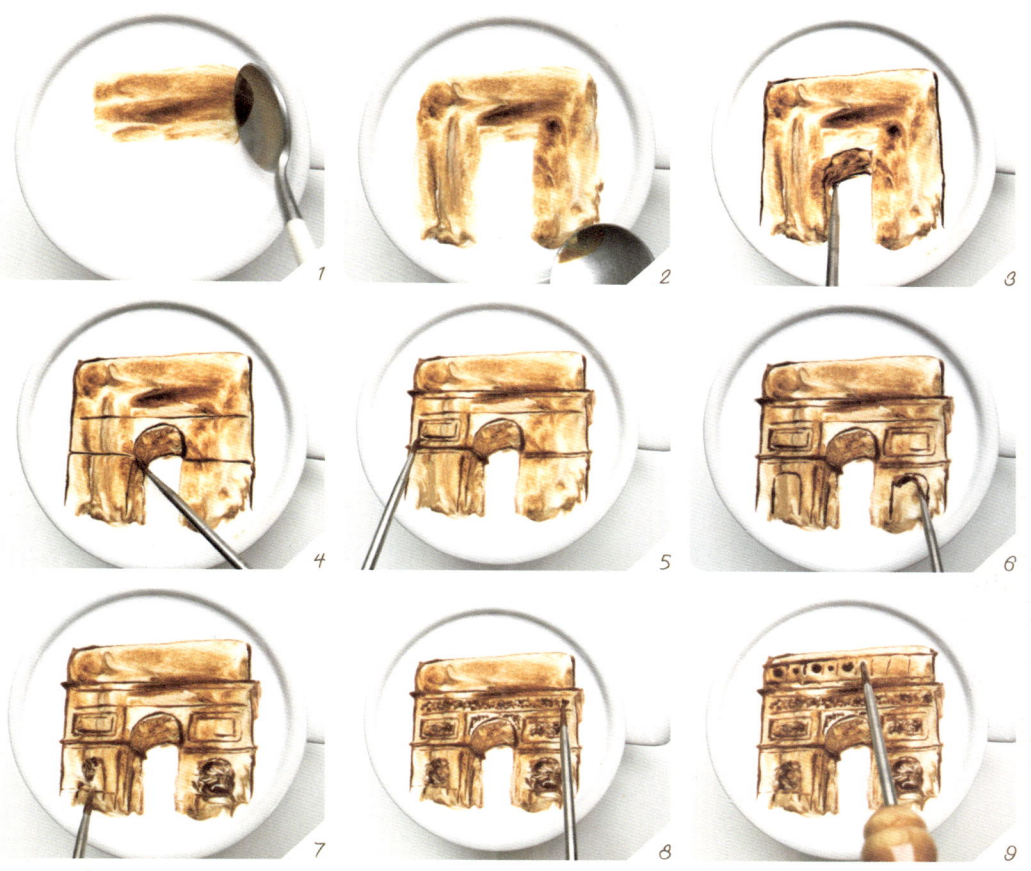

1-2   스푼으로 갈색 물감을 크림 위에 퍼 발라 개선문의 형태를 거칠게 잡아 줍니다.
　　°좀더 자연스러운 색감을 표현하고 싶다면 에칭펜으로 살짝 뭉개듯 색을 정돈합니다.

3-4   초코 소스를 찍은 에칭펜으로 선을 그려 넣어 세부를 묘사합니다.

5-9   초코 소스를 찍은 에칭펜으로 명암을 표현하며 입체감을 살립니다.

07 / 콜로세움

Drawing Recipe ★★★★☆

재료 물감(식용 색소를 섞은 크림), 녹차(말차 파우더), 초코 소스   도구 에칭펜, 스푼, 종이 한 장

1	스푼으로 파란색 물감을 크림 위에 퍼 발라 거칠게 배경을 색칠합니다.
2	스푼으로 배경 위에 크림을 덧입혀 콜로세움의 형태를 잡아 줍니다.
3	갈색 물감을 찍은 스푼으로 콜로세움을 색칠합니다.
4-6	초코 소스를 찍은 에칭펜으로 콜로세움에 선을 그려 넣어 세부를 묘사합니다.
7-10	크림을 찍은 에칭펜으로 음영을 표현하고 파란색 물감를 덧칠해 뚫린 창문을 표현합니다.
11-12	완성된 그림 위에 종이를 덮어 가린 뒤 녹차(또는 말차) 파우더를 살살 뿌리면 색다른 잔디를 표현할 수 있습니다.

08 / 자유의 여신상

Drawing Recipe ★★★★☆

재료 물감(식용 색소를 섞은 크림), 초코 소스 도구 에칭펜, 도트펜

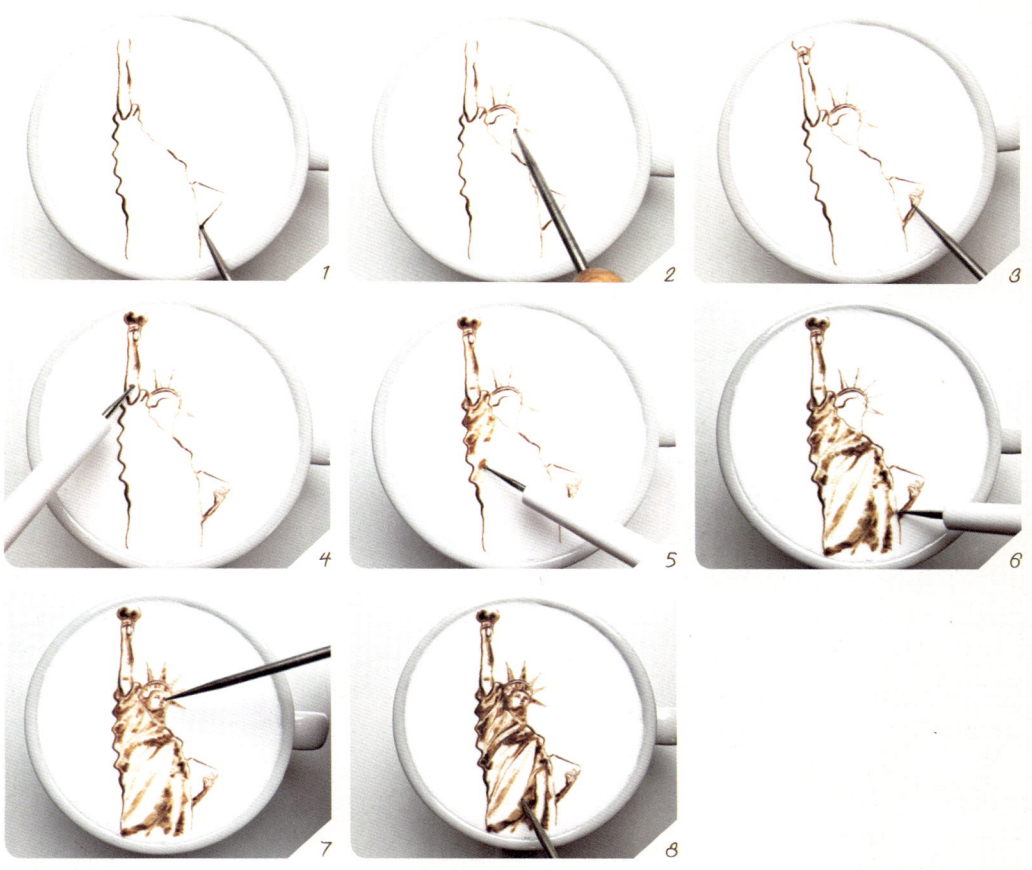

1-3   초코 소스를 찍은 에칭펜으로 여신상의 윤곽선을 그려 넣고 얼굴과 손 등 세부를 묘사합니다.
4-6   갈색 물감을 찍은 도트펜으로 명암을 표현해 입체감을 살립니다.
7-8   초코 소스를 찍은 에칭펜으로 얼굴과 주름을 보다 세밀하게 묘사합니다.

09 / 피사의 사탑

Drawing Recipe ★★★★★

재료 물감(식용 색소를 섞은 크림), 초코 소스 도구 에칭펜, 도트펜, 스푼

1. 스푼으로 파란색 물감을 크림 위에 펴 발라 배경을 거칠게 색칠합니다.
2. 도트펜으로 파란색을 군데군데 뭉개며 구름의 형태를 잡아 입체감을 더합니다.
3. 스푼으로 크림을 덧입혀 사탑의 형태를 잡은 후, 에칭펜으로 윤곽선을 세밀하게 다듬어 줍니다.
   ◦ 크림으로 배경을 덮어 형태를 잡은 후 색칠하면 더 깔끔하고 선명한 그림이 완성됩니다.
4-5. 초코 소스를 찍은 에칭펜으로 사탑의 윤곽선을 덧그립니다.
6-7. 갈색 물감을 찍은 도트펜으로 사탑의 명암을 표현합니다.
8-11. 초코 소스를 찍은 에칭펜으로 세부를 묘사합니다.
12. 초록색 물감을 찍은 도트펜으로 점을 찍듯 잔디를 표현합니다.

Chapter 02

아름다운
예술을
마시다

01 몬드리안, 〈콤포지션 2〉

Drawing Recipe ★★☆☆☆

재료 물감(식용 색소를 섞은 크림), 초코 소스   도구 에칭펜, 스푼

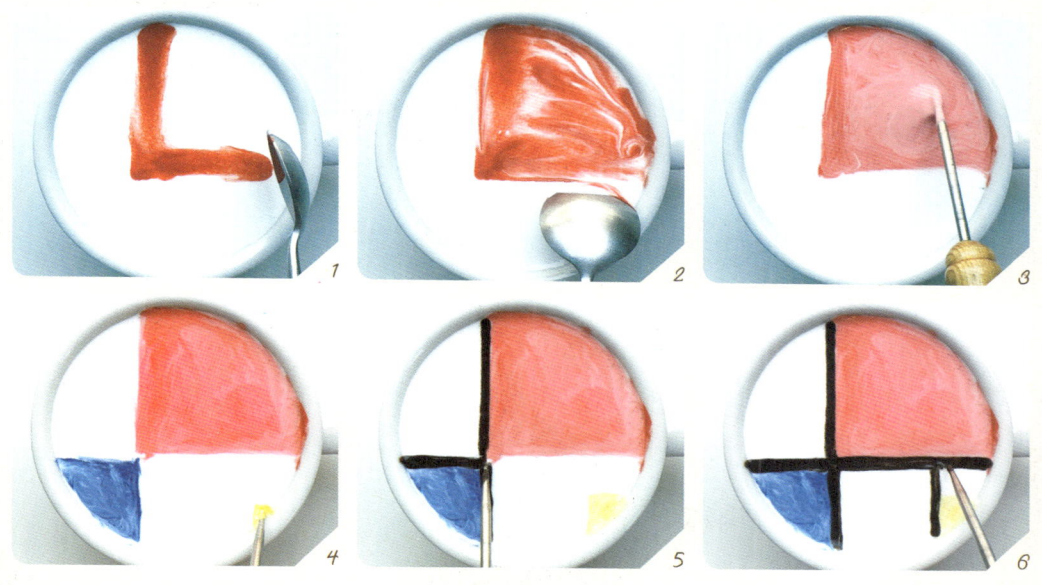

1   스푼으로 빨간색 물감을 크림 위에 펴 발라 부채꼴 형태를 만들어 줍니다.
2   스푼으로 빨간색 물감을 펴 바르며 색을 메워 나갑니다.
     º 넓은 면을 채색할 때는 둥근 스푼을 이용합니다.
3   에칭펜으로 채색된 부분을 뭉개며 색을 고르게 표현합니다.
4   파란색과 노란색 면도 위와 같은 방식으로 표현합니다.
5-6 에칭펜에 초코 소스(또는 검은색 물감)를 찍어 각 면의 윤곽선을 진하고 선명하게 표현합니다.

02 / 앤디 워홀, 〈꽃〉

Drawing Recipe

재료 물감(식용 색소를 섞은 크림) 도구 에칭펜, 스푼

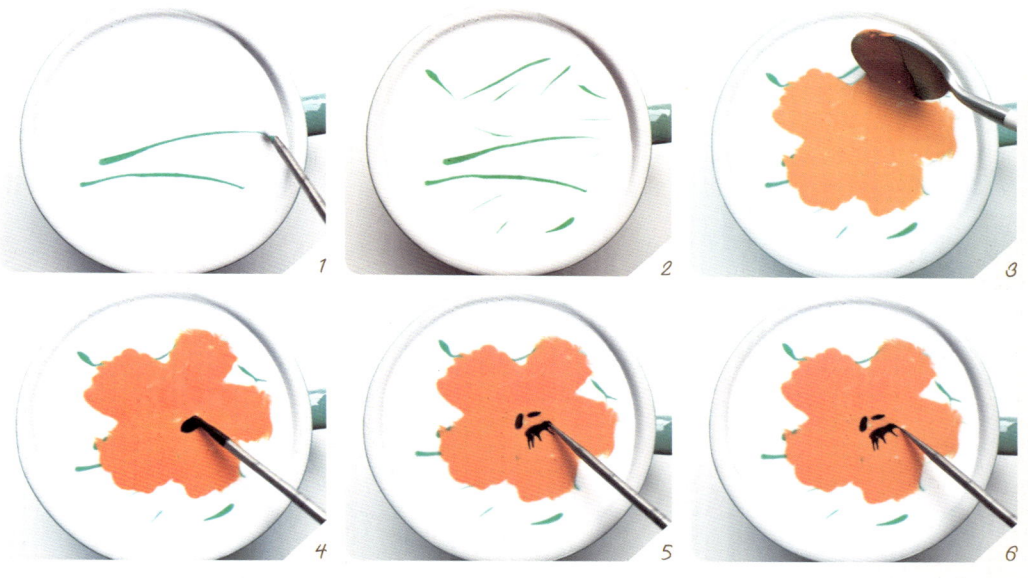

1-2 에칭펜에 초록색 물감을 찍어 한 번에 선을 그어줍니다. 선을 끌어오듯 에칭펜을 크림에서 서서히 빼내며 그려야 더 자연스럽게 표현할 수 있습니다.

3 스푼으로 주황색 물감을 크림 위에 얹어 다섯 장의 꽃잎을 표현합니다.

4-6 검은색 물감을 찍은 에칭펜으로 꽃잎 한가운데에 꽃술을 그려 넣습니다.

03
모네, 〈수련〉

Drawing Recipe ★★★☆☆

재료 물감(식용 색소를 섞은 크림), 초코 소스   도구 에칭펜, 도트펜, 스푼

1   스푼으로 갈색 물감을 크림 위에 펴 바르며 꽃잎의 밑그림을 그려 줍니다.

2-4   빨간색 물감을 찍은 도트펜으로 밑그림 위에 색을 덧입히며 강약을 표현합니다.

5-8   초코 소스를 찍은 에칭펜으로 꽃잎의 윤곽선과 줄기를 뚜렷하게 표현합니다.

04
클림트, 〈나무〉

Drawing Recipe ★★★☆☆

재료 물감(식용 색소를 섞은 크림) 도구 에칭펜, 도트펜, 스푼

1   스푼으로 갈색 물감을 크림 위에 거칠게 펴 바르며 배경을 색칠합니다.

2-3   에칭펜으로 채색된 부분을 살짝 뭉개며 크림과 물감을 조금씩 섞어 연한 색감을 표현합니다.
  ◦ 선명하고 진한 배경색을 표현하고 싶다면 크림에 갈색 물감을 섞어 휘핑한 후 음료 위에 얹어 줍니다.

4   갈색 물감을 찍은 스푼으로 나무 기둥을 거칠게 표현합니다.

5-7   갈색 물감를 찍은 에칭펜으로 나뭇가지를 그립니다. 선을 끌어오다가 끝점에서 동그랗게 말아 살짝 소용돌이치는 모양을 표현합니다.

8-9   크림을 찍은 굵은 에칭펜이나 도트펜으로 군데군데 점을 찍습니다.

05 / 이중섭, 〈비둘기〉

Drawing Recipe
★★★☆☆

재료 물감(식용 색소를 섞은 크림), 초코 소스   도구 에칭펜, 스푼

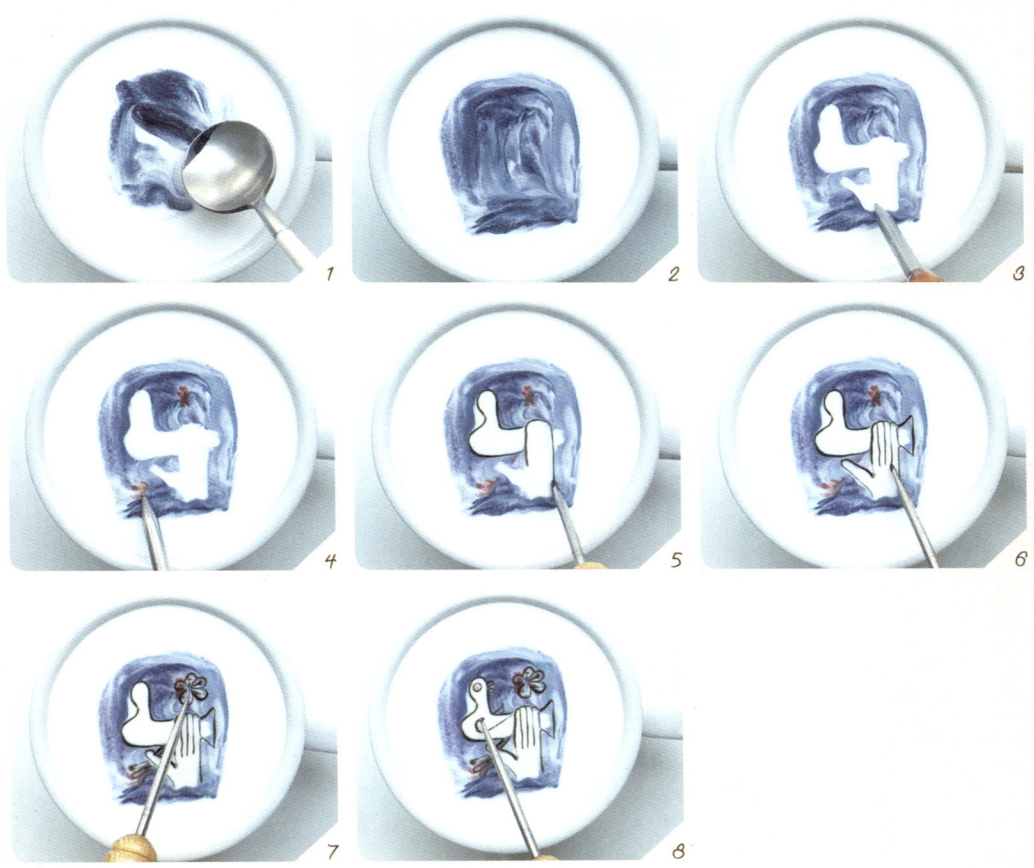

1-2 스푼으로 파란색 물감을 크림 위에 펴 바르며 배경을 색칠합니다.
3   스푼으로 크림을 얹어 새의 형태를 잡은 후, 에칭펜으로 윤곽을 세밀하게 다듬어 줍니다.
4   빨간색 물감을 찍은 에칭펜으로 꽃의 색감을 표현합니다.
5-8 초코 소스를 찍은 에칭펜으로 새의 윤곽선과 손, 꽃잎을 세밀하게 표현합니다.

06 / 호쿠사이, 〈파도〉

Drawing Recipe ★★★★☆

재료 물감(식용 색소를 섞은 크림)　**도구** 에칭펜, 도트펜, 스푼

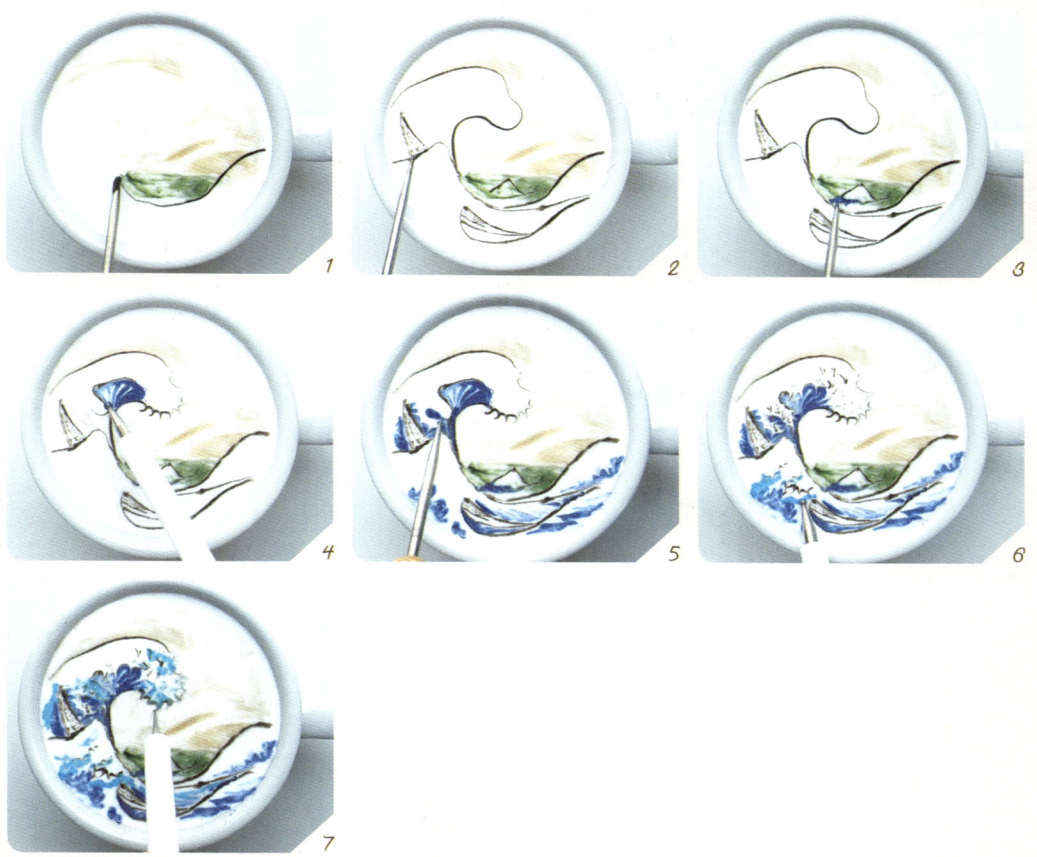

1-2 스푼으로 갈색 물감을 크림 위에 펴 바르며 배경을 연하게 색칠합니다. 초록색 물감을 찍은 에칭펜으로 바다 너머 배경을 색칠한 후, 검은색 물감으로 파도의 윤곽선을 세밀하게 표현합니다.

3 파란색 물감을 찍은 에칭펜으로 먼 파도에 세밀하게 색을 입힙니다.

4 파란색 물감을 찍은 도트펜으로 큰 파도부터 색을 입힙니다.

5-7 에칭펜으로 파란색 물감을 살짝 뭉개며 부서지는 파도와 명암을 표현합니다.

07/ 신윤복, 〈미인도〉

Drawing Recipe ★★★★☆

재료 물감(식용 색소를 섞은 크림), 초코 소스   도구 에칭펜, 도트펜

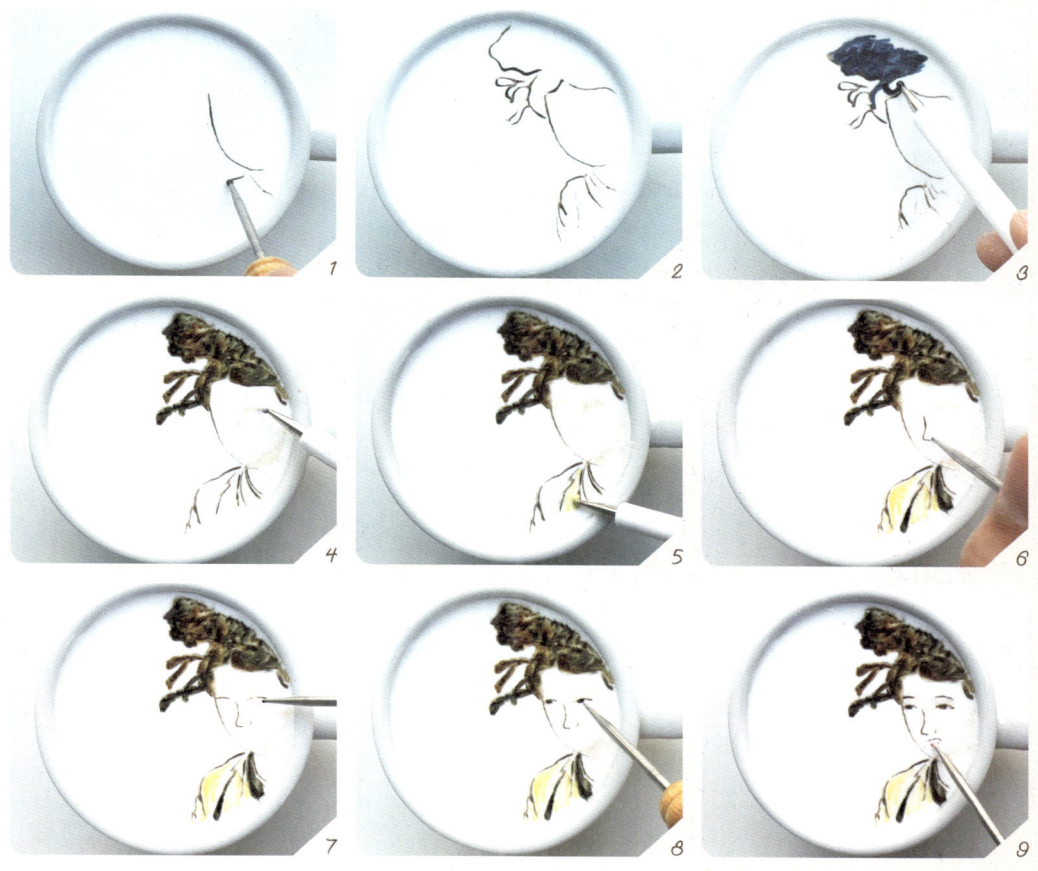

1-2   초코 소스를 찍은 에칭펜으로 인물의 윤곽선을 그려 줍니다.

3   파란색 물감을 찍은 도트펜으로 살짝 두꺼운 질감의 머리카락을 표현합니다.
  °검은색 식용 시럽 대신 에스프레소나 믹스 커피를 써도 됩니다.

4   연한 갈색 물감을 찍은 도트펜으로 얼굴의 명암을 표현합니다.

5   노란색 물감을 찍은 도트펜으로 저고리에 색을 입힙니다.

6-9   초코 소스를 찍은 에칭펜으로 눈, 코, 입을 그립니다.
  °선을 매우 얇게 그리려면 에칭펜에 물감을 조금만 찍습니다.

08 고흐
⟨별이 빛나는 밤에⟩

Drawing Recipe ★★★★☆

재료 물감(식용 색소를 섞은 크림)   도구 에칭펜, 스푼

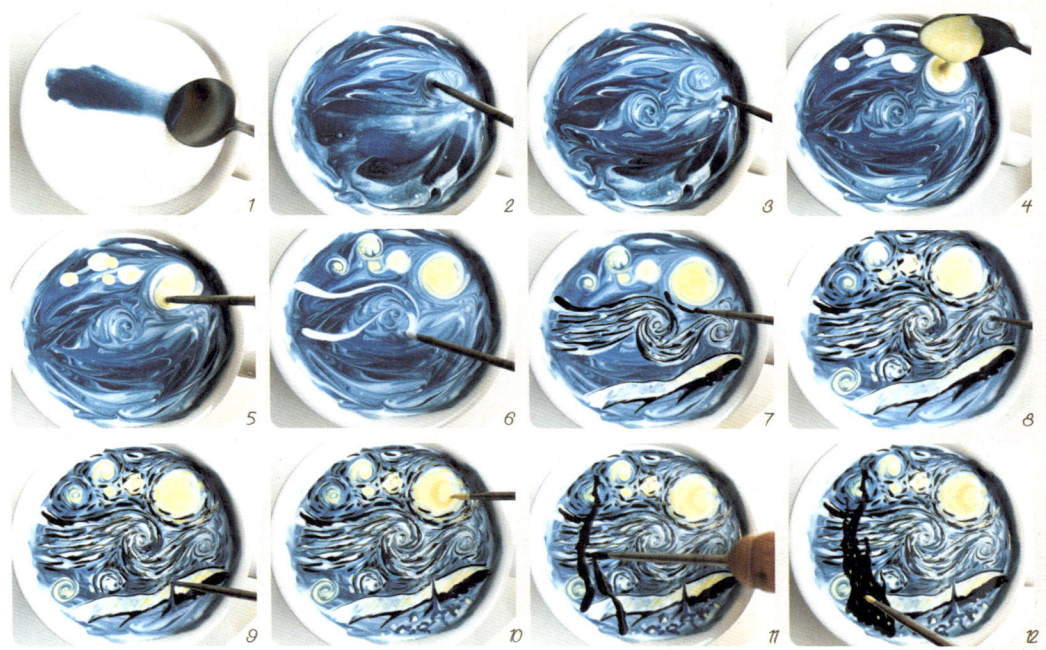

1   스푼으로 파란색 물감을 크림 위에 펴 바르며 배경을 색칠합니다.
   ◦ 파란색·보라·검은색 물감를 크림에 아주 소량만 섞어야 고유의 은은한 색감을 표현할 수 있습니다.

2-3   에칭펜으로 소용돌이 모양을 그립니다.

4   끝이 좁은 스푼으로 물감을 떨어뜨려 둥근 달을 표현합니다.
   ◦ 소스통을 이용하면 원을 더 뚜렷하게 표현할 수 있습니다.

5   노란색 물감을 찍은 에칭펜으로 달의 둥근 모양을 다듬어 줍니다.

6   크림을 찍은 에칭펜으로 한 번에 곡선을 그려 줍니다.

7-8   검은색 물감을 찍은 에칭펜으로 짧고 긴 선을 여러 번 덧그려 윤곽을 강조합니다.

9   검은색 물감을 찍은 에칭펜으로 아래쪽 지면의 세부를 묘사합니다.

10   노란색 물감을 찍은 에칭펜으로 달의 음영을 표현합니다.

11   검은색 물감을 찍은 에칭펜으로 선을 여러 번 덧칠하며 나무 줄기를 그려 넣습니다.

12   노란색 물감을 찍은 에칭펜으로 나무에 점을 군데군데 찍어 줍니다.

09 / 뭉크, 〈절규〉

Drawing Recipe
★★★★☆

재료 물감(식용 색소를 섞은 크림) 도구 에칭펜, 스푼

1-2   스푼으로 각 물감을 크림 위에 번갈아 펴 바르며 배경을 색칠합니다.

3   스푼으로 파란색 물감을 펴 바르며 남은 틈을 메웁니다.

4-5   에칭펜으로 채색된 부분을 살짝 뭉개며 색을 정돈합니다.

6-7   스푼으로 검은색 물감을 채색된 그림 위에 덧칠합니다.

8   스푼으로 검은색 물감을 살짝 펴 발라 사람의 형태를 표현합니다.

9   스푼으로 노란색 물감을 살짝 펴 발라 비틀어진 얼굴 형태를 잡아 줍니다.

10-12   검은색 물감을 찍은 에칭펜으로 눈, 코, 입을 그려 넣은 후, 앞서 사용한 색을 여러 번 덧칠해 강렬한 색감을 표현합니다.

° 강렬한 색감을 누그러뜨리고 싶다면 에칭펜으로 색을 살짝 뭉개 줍니다.

Chapter 03

아련한
추억을
마시다

01 / 추억의 졸업식

Drawing Recipe

재료 물감(식용 색소를 섞은 크림), 초코 소스 도구 에칭펜, 스푼

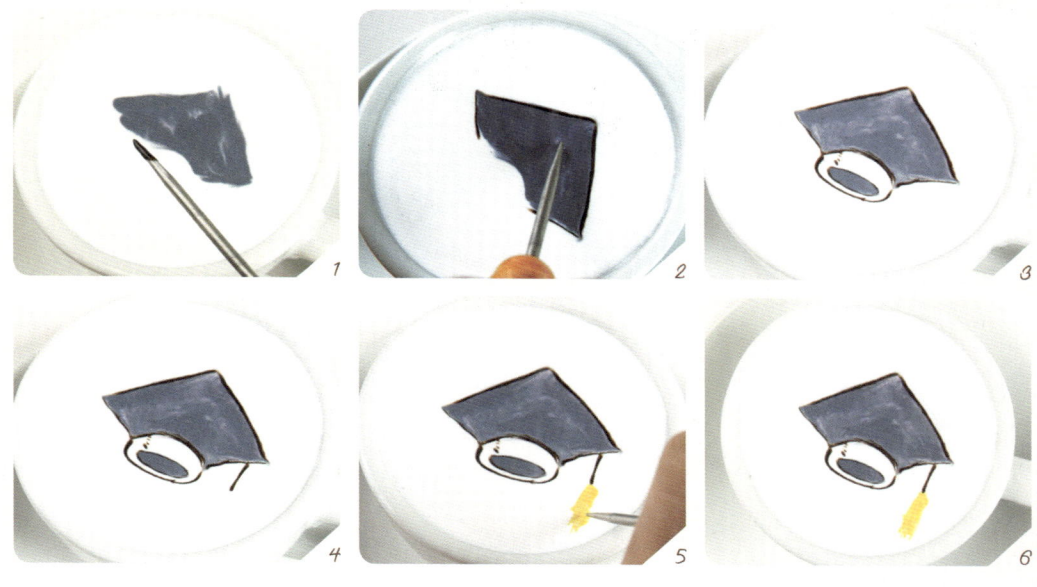

1 스푼으로 파란색 물감을 퍼 발라 세모난 학사모를 거칠게 표현한 후, 초코 소스를 찍은 에칭펜으로 윤곽선을 그려 넣습니다.
2 에칭펜으로 물감을 뭉개며 색을 고르게 다듬어 줍니다.
3-4 초코 소스를 찍은 에칭펜으로 한 면에 원형의 테두리와 술 장식이 달릴 끈을 그려 넣습니다.
5-6 노란색 물감을 찍은 에칭펜으로 술 장식을 완성합니다.

02 / 그 겨울 눈사람

Drawing Recipe

재료 물감(식용 색소를 섞은 크림)   도구 에칭펜, 스푼

1   파란색 물감을 찍은 에칭펜으로 곡선을 그려 눈사람의 윤곽을 표현합니다.
2   빨간색 물감을 찍은 스푼으로 위쪽 원에 닿지 않도록 펴 바르며 흘러내린 목도리를 표현합니다.
3   갈색 물감을 찍은 에칭펜으로 점을 찍듯 단추와 눈, 입을 그려 넣고 뾰족한 원뿔 형태의 코를 표현합니다.
4-6   갈색 물감을 찍은 에칭펜으로 나뭇가지 팔을 그려 줍니다. 주변의 크림으로 갈색 물감을 군데군데 뭉개면 가벼운 음영을 표현할 수 있습니다.

03 / 감사를 담은 카네이션

Drawing Recipe

재료 물감(식용 색소를 섞은 크림)   도구 에칭펜, 스푼

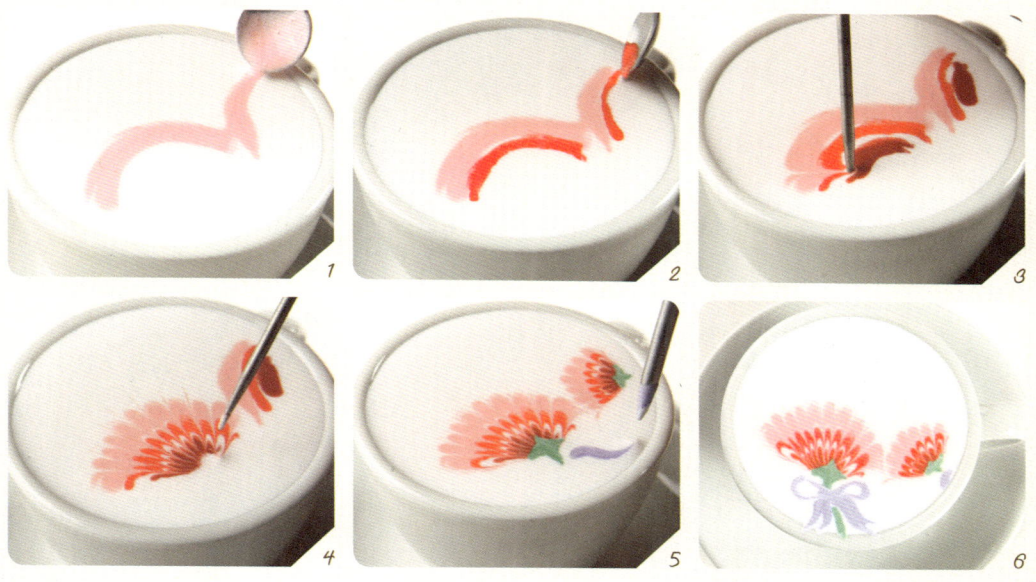

1-2   스푼으로 분홍색 물감과 빨간색 물감을 퍼 발라 곡선을 겹겹이 그려 넣습니다.
3-4   에칭펜으로 바깥쪽에서 안쪽으로 크림을 한 번에 끌어오며 꽃잎의 패턴을 표현합니다.
5-6   초록색 물감과 보라색 물감을 찍은 에칭펜으로 꽃대를 그린 후, 곡선의 리본을 완성합니다.

04 / 설렘 가득 발렌타인데이

Drawing Recipe
★★★☆☆

재료 물감(식용 색소를 섞은 크림), 초코 소스   도구 에칭펜, 스푼

1   스푼으로 갈색 물감을 크림 위에 펴 발라 네모난 형태를 잡습니다.
2   에칭펜을 이용해 한쪽 모서리를 크림으로 살짝 덮어 한 입 베어 먹은 듯한 모양을 표현합니다.
3-4 초코 소스를 찍은 에칭펜으로 초콜릿 사각형 패턴을 그린 후, 크림으로 음영을 넣습니다.
5-6 분홍색 물감을 찍은 에칭펜으로 하트 모양을 그려 넣습니다. 에칭펜으로 중간 지점에서 크림을 살짝 안쪽으로 끌어와 하트가 갈라지는 부분을 표현합니다.

05 / 달콤한 생크림 케이크

Drawing Recipe ★★★☆☆

재료 물감(식용 색소를 섞은 크림), 초코 소스   도구 에칭펜, 도트펜

1   초코 소스를 찍은 에칭펜으로 케이크의 윤곽선을 그립니다.

2-3   에칭펜으로 체리와 받침을 그린 후, 빨간색 물감을 찍은 도트펜으로 체리에 색을 입힙니다.

4-5   도트펜으로 분홍색 물감과 갈색 물감을 번갈아 색을 입혀 케이크의 층을 표현합니다.

6   빨간색 물감을 찍은 도트펜으로 케이크에 포인트를 주고 초록색 물감으로 체리 꼭지를 그립니다.

06 / 오색 품은 루돌프

Drawing Recipe
★★★☆☆

재료 물감(식용 색소를 섞은 크림), 초코 소스   도구 에칭펜, 도트펜

1-2 초코 소스를 찍은 에칭펜으로 도약하는 루돌프의 윤곽선을 그립니다.
  ° 에칭펜에 물감을 조금만 찍어야 얇은 선을 표현할 수 있습니다.

3-6 도트펜 또는 굵은 에칭펜으로 루돌프 윤곽선 안쪽에 점을 찍듯 다양한 색을 채워 나갑니다.
     배경에도 점점이 물감을 찍어 루돌프의 역동성을 표현해 줍니다.

07 / 행운을 부르는
복주머니

Drawing Recipe ★★★☆☆

재료 물감(식용 색소를 섞은 크림), 초코 소스   도구 에칭펜, 스푼

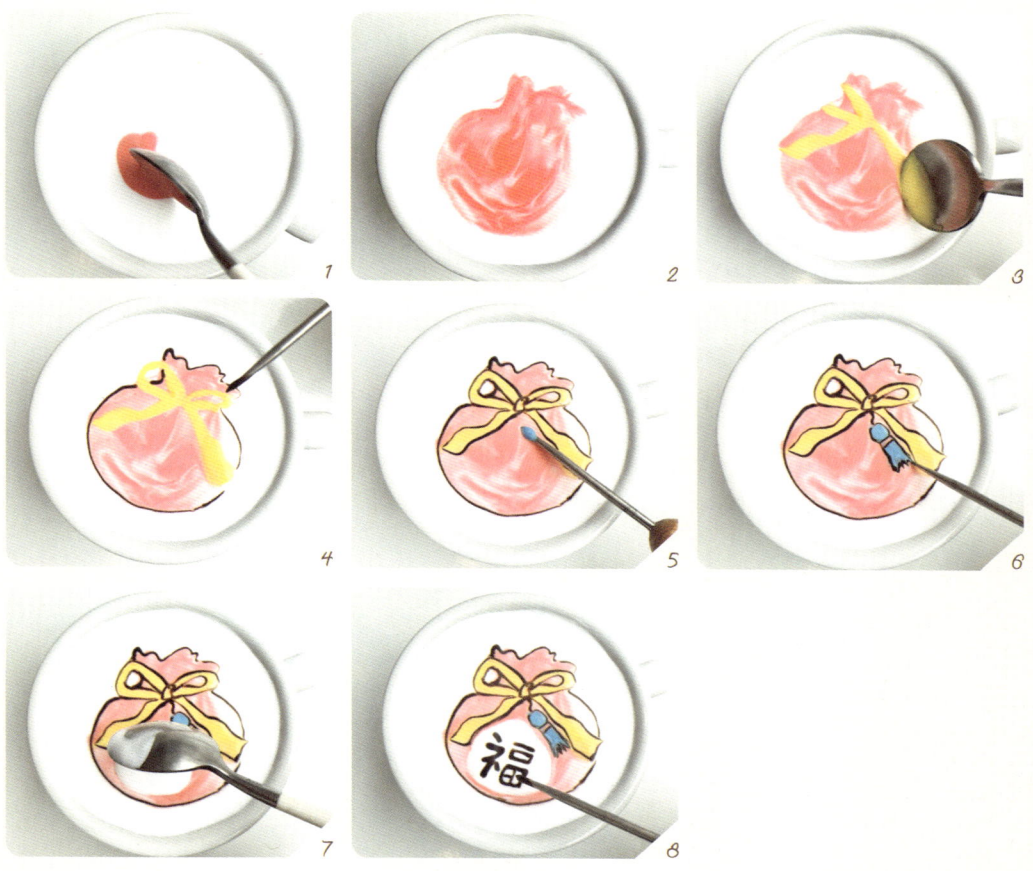

1-2   스푼으로 분홍색 물감을 크림 위에 펴 바르며 복주머니의 형태를 잡아 줍니다.

3-4   스푼으로 노란색 물감을 분홍색 물감 위에 살짝 펴 바르며 리본 모양을 거칠게 표현한 후, 초코 소스를 찍은 에칭펜으로 복주머니와 리본의 윤곽선을 그립니다.

5-6   파란색 물감을 찍은 에칭펜으로 술 장식을 그려 넣은 후, 초코 소스로 윤곽선을 그립니다.

7-8   스푼으로 크림을 그림 위에 얹고 그 위에 초코 소스를 찍은 에칭펜으로 '福(복)'을 써 넣습니다.

08 열정의 빨간 장미

Drawing Recipe
★★★★☆

재료 물감(식용 색소를 섞은 크림) 도구 에칭펜, 도트펜, 스푼

1-2 　스푼으로 빨간색 물감을 크림 위에 펴 바르며 살짝 말려 있는 꽃잎을 겹겹이 표현합니다.
3-4 　에칭펜으로 빨간색 물감을 뭉개며 색을 다듬고 꽃잎이 닿는 부분을 더 세밀하게 표현합니다.
5-6 　짙은 빨간색 물감을 찍은 에칭펜으로 꽃잎이 서로 닿는 부분을 따라가며 명암을 표현합니다.
7 　크림을 찍은 도트펜으로 꽃잎의 윤곽선을 군데군데 덧칠해 음영을 더 강조합니다.
8-9 　초록색 물감을 찍은 에칭펜으로 꽃 바깥쪽에 작은 잎사귀를 그린 후, 검은색 물감으로 꽃잎의 윤곽선을 그려 넣습니다.

09 / 단 하나뿐인 생일 케이크

Drawing Recipe ★★★★☆

재료 물감(식용 색소를 섞은 크림), 초코 소스   도구 에칭펜, 도트펜

1-2 분홍색·보라색 물감을 찍은 도트펜으로 케이크 위에 체리, 블루베리 등이 오밀조밀 모여 있는 모습을 점점이 표현합니다.

3 초코 소스를 찍은 에칭펜으로 케이크의 윤곽선을 희미하게 그려 넣습니다.

4-5 초코 소스를 찍은 에칭펜으로 케이크 받침대를 그린 후, 과일에 윤곽선을 덧그립니다.

6 다양한 물감을 찍은 도트펜으로 초를 그려 넣습니다.

7-9 빨간색 물감을 찍은 도트펜으로 초 끝 부분에 작은 원을 그린 후, 에칭펜으로 크림을 위로 끌어 올려 타오르는 불꽃을 표현합니다.

Chapter 04

흔들어
재미있게
마시다

01 / 둥실둥실 돛단배

Drawing Recipe

재료 물감(식용 색소를 섞은 크림) 도구 에칭펜, 스푼

1   스푼으로 파란색 물감을 퍼 발라 물결을 표현합니다.
2-3 스푼으로 갈색 물감을 살짝 퍼 발라 선체의 형태를 잡고 에칭펜으로 색을 고르게 뭉개며 윤곽을 다듬어 줍니다.
4   스푼으로 노란색 물감을 퍼 바르며 세모난 돛을 표현합니다.
5   주황색 물감을 찍은 에칭펜으로 돛대를 그려 넣습니다.
6   스푼으로 갈색 물감을 얹어 둥근 해를 그려 넣고 같은 색 물감을 찍은 에칭펜으로 짧은 선을 그어 햇살을 표현합니다.

02
살랑살랑 바람개비

Drawing Recipe
★☆☆☆☆

재료 물감(식용 색소를 섞은 크림), 초코 소스 도구 에칭펜, 도트펜

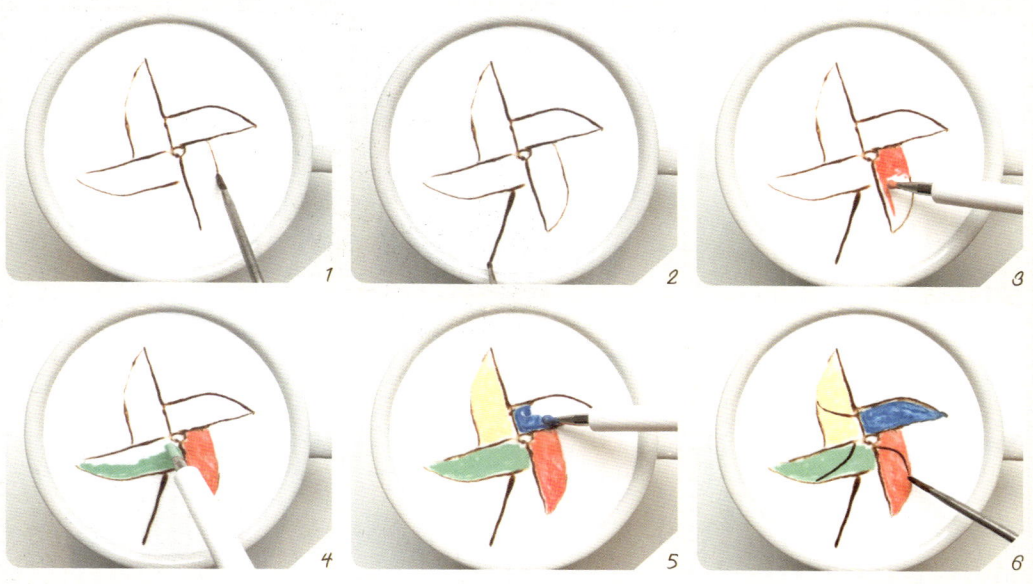

1-2 초코 소스를 찍은 에칭펜으로 바람개비의 윤곽선을 그립니다.
3-5 도트펜으로 날개에 각기 다른 색을 입힙니다. 윤곽선에 닿지 않도록 면을 조금씩 채우듯 작업합니다.
6   초코 소스를 찍은 에칭펜으로 날개 안쪽에 선을 그려 넣습니다.

03 / 훨훨 나는 비행기

Drawing Recipe
★☆☆☆☆

재료 물감(식용 색소를 섞은 크림), 초코 소스 도구 에칭펜, 도트펜, 스푼

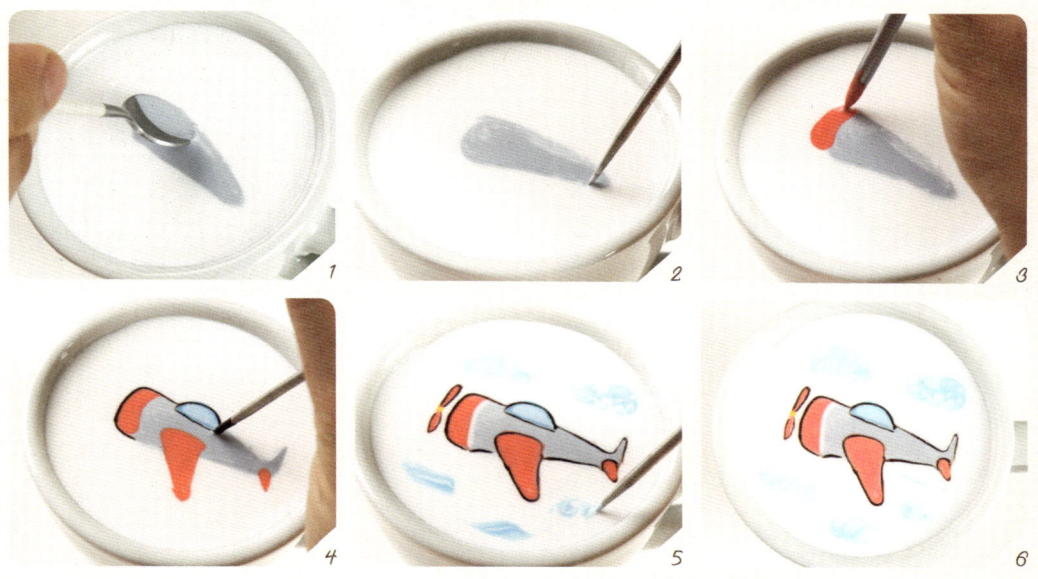

1. 스푼으로 회색 물감을 크림 위에 펴 발라 비행기의 형태를 잡습니다.
2. 에칭펜으로 색을 뭉개며 비행기 동체를 표현합니다.
3. 빨간색 물감을 찍은 도트펜이나 굵은 에칭펜으로 비행기의 앞 부분과 날개를 그려 넣습니다.
4. 파란색 물감으로 비행기 조종석을 그려 넣고 초코 소스를 찍은 에칭펜으로 비행기의 윤곽선을 또렷하게 표현합니다.
5-6. 스푼으로 크림 위에 파란색 물감을 조금씩 펴 발라 구름을 그려 넣고 에칭펜으로 색을 뭉개며 구름의 결을 표현합니다.

04 / 흔들흔들 목마

Drawing Recipe ★★☆☆☆

재료 물감(식용 색소를 섞은 크림)   도구 에칭펜, 스푼

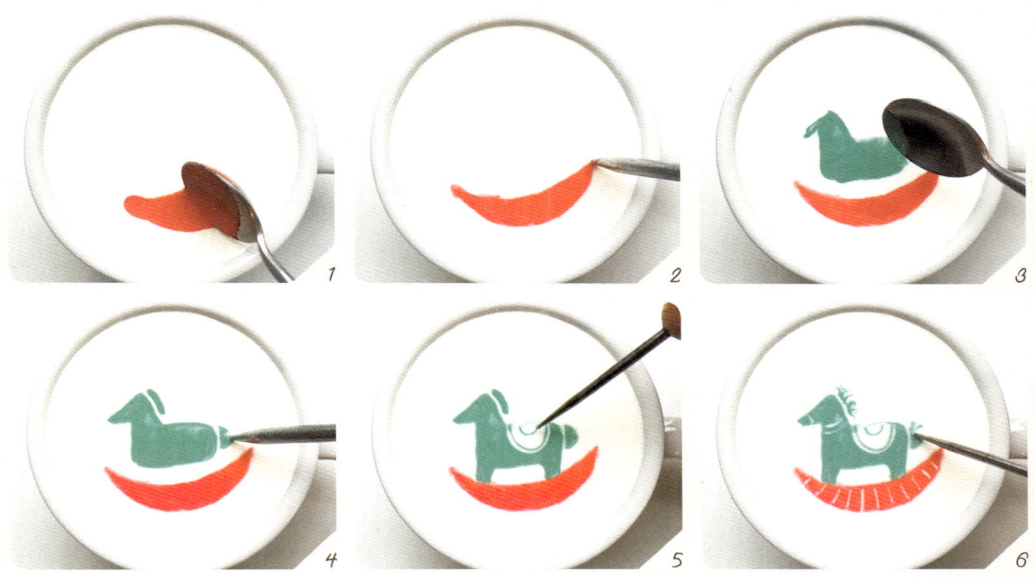

1   스푼으로 빨간색 물감을 크림 위에 펴 발라 목마의 흔들발 형태를 잡아 줍니다.
2   에칭펜으로 흔들발의 윤곽선을 다듬어 줍니다.
3   스푼으로 초록색 물감을 크림 위에 펴 발라 목마의 형태를 잡아 줍니다.
4   초록색 물감을 찍은 에칭펜으로 갈기와 꼬리를 몸체와 분리해 그려 넣고 윤곽선을 다듬어 목마를 세밀하게 표현합니다.
5   흔들목마의 등 부분에 스푼으로 크림을 살짝 덮은 후 초록색 물감을 찍은 에칭펜으로 안장을 묘사합니다.
6   에칭펜으로 갈기와 꼬리를 살짝 뭉개 털이 흩날리는 느낌을 표현합니다.

05 / 뒤뚱뒤뚱 펭귄

Drawing Recipe
★★☆☆☆

재료 물감(식용 색소를 섞은 크림) 도구 에칭펜, 스푼

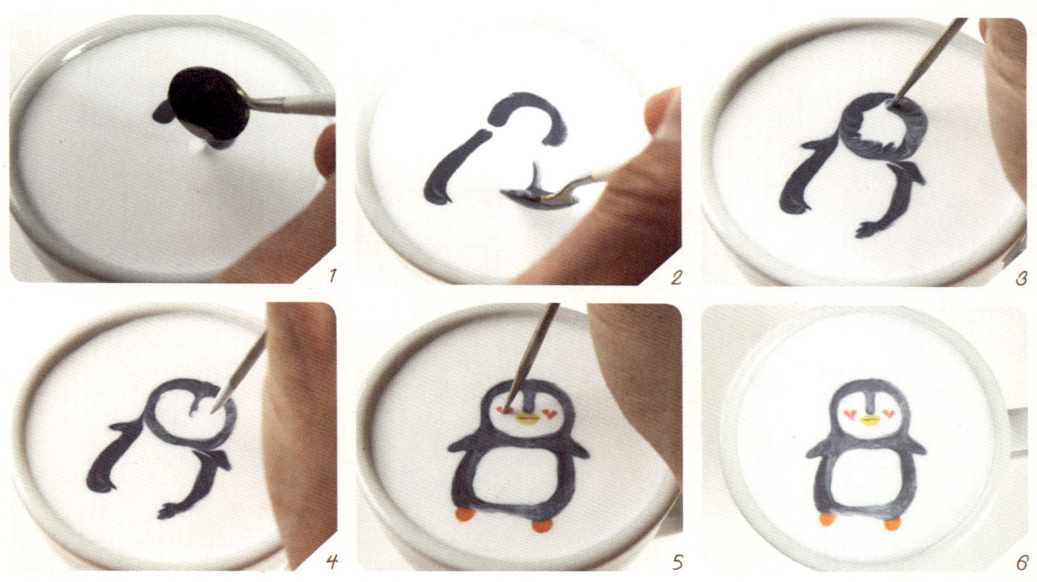

1-2 스푼으로 파란색 물감을 크림 위에 펴 발라 펭귄의 형태를 잡아 줍니다.

3-4 에칭펜으로 크림을 뭉개며 선 굵기를 조절하고 형태를 다듬어 줍니다.

5-6 노란색 물감과 빨간색 물감을 찍은 에칭펜으로 하트 모양의 눈과 입, 발을 그려 넣습니다.

06 / 멀뚱멀뚱 판다

Drawing Recipe
★★☆☆☆

재료 물감(식용 색소를 섞은 크림) 도구 에칭펜, 스푼

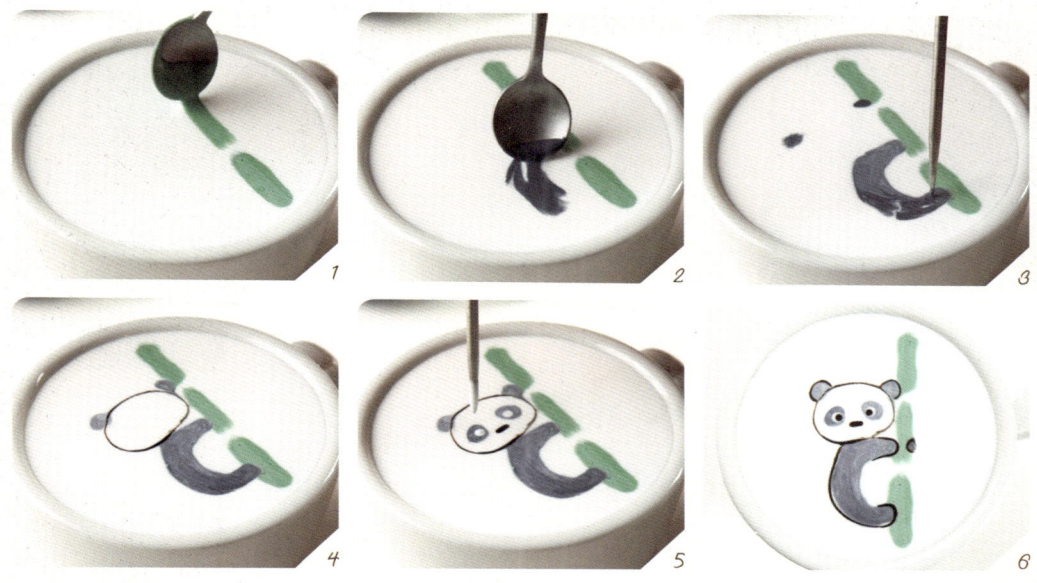

1   스푼으로 초록색 물감을 직선으로 펴 발라 대나무를 표현합니다. 선 중간중간을 끊어 대나무 마디를 표현합니다.

2-3   스푼으로 파란색 물감을 곡선으로 펴 발라 대나무에 매달린 판다의 몸통을 표현하고 에칭펜으로 색을 고르게 다듬어 줍니다.

4   검은색 물감을 찍은 에칭펜으로 원형의 얼굴을 그려 넣습니다.

5-6   파란색 물감을 찍은 에칭펜에 판다의 눈언저리를 그려 넣고 크림과 검은색 물감 순으로 점을 찍어 눈을 완성합니다.

07/
초롱초롱
빛나는 촛불

Drawing Recipe

재료 물감(식용 색소를 섞은 크림), 초코 소스 도구 에칭펜, 도트펜

1 노란색 물감을 찍은 도트펜으로 동그란 형태를 잡은 후 색을 뭉개고 윤곽선을 다듬어 흔들리는 불빛을 표현합니다.
2 초코 소스를 찍은 에칭펜으로 촛농이 흘러내리는 양초의 윤곽선을 그립니다.
3 파란색 물감을 찍은 도트펜으로 윤곽선을 덧그려 촛농을 강조합니다.
4 도트펜이나 에칭펜으로 명암을 표현하여 입체감을 더합니다.
5 빨간색 물감을 찍은 도트펜으로 불꽃을 그려 넣습니다.
6 초코 소스를 찍은 에칭펜으로 심지를 그립니다.

08 하늘하늘 꽃피는 봄

Drawing Recipe ★★★☆☆

재료 물감(식용 색소를 섞은 크림), 초코 소스   도구 에칭펜, 스푼

1. 갈색 물감을 찍은 에칭펜으로 나뭇가지를 그립니다. 크림에서 천천히 빼내듯 에칭펜을 이동시키면 끝선을 얇게 표현할 수 있습니다.
2. 스푼으로 빨간색 물감을 한 방울씩 떨어뜨려 꽃의 형태를 잡아 줍니다.
3. 꽃 바깥쪽에 에칭펜을 살짝 넣은 상태에서 꽃의 중심축으로 크림을 끌어오면 자연스러운 꽃잎이 만들어집니다.
4. 초록색 물감을 찍은 에칭펜으로 작은 잎사귀를 그려 넣습니다.
5. 초코 소스를 찍은 에칭펜으로 나뭇가지의 명암을 표현합니다.
6. 빨간색 물감을 찍은 에칭펜으로 배경에 점점이 흩날리는 꽃잎을 그려 넣습니다.

09 / 불긋불긋 벚꽃 그네

Drawing Recipe ★★★★☆

재료 초코 소스, 딸기 파우더, 팝콘　**도구** 에칭펜

1-2　초코 소스를 찍은 에칭펜으로 여러 번 덧칠하며 나뭇가지를 그려 넣은 후, 크림으로 갈라진 부분을 자연스럽게 표현합니다.

3-6　초코 소스를 찍은 에칭펜으로 아래쪽에 두 인물을 세밀하게 그려 넣습니다.
  ° 소스 농도가 너무 묽거나 되직하면, 또는 초코 소스를 많이 찍으면 세밀한 그림을 그리기 어려우니 주의합니다.

7　초코 소스를 찍은 에칭펜으로 나무에 연결된 그넷줄을 그립니다.

8-9　딸기 파우더를 뿌린 팝콘을 나뭇가지 위에 두세 개 얹어 벚꽃 나무를 실감나게 표현합니다.
  ° 팝콘 대신 건조 딸기 등 분홍색 식재료를 쓰거나 크림과 빨간색 색소를 섞은 물감을 도트펜에 찍어 그려도 됩니다.

Chapter 05

신 기 한
입체그림을
마 시 다

01 하늘에 띄운
방패연

Drawing Recipe ★★★☆

재료 물감(식용 색소를 섞은 크림), 초코 소스 도구 에칭펜, 스푼

1-3 스푼으로 다양한 색상의 물감을 펴 발라 방패연의 형태를 잡아 줍니다.
4-6 초코 소스를 찍은 에칭펜으로 세부를 묘사하고 윤곽선을 그려 방패연을 완성합니다.
  ° 손잡이 위치에 연줄을 그려 넣으면 보다 실감나게 연출할 수 있습니다.

02 / 가을 빗속 푸근한 마음

Drawing Recipe ★★★☆☆

재료 물감(식용 색소를 섞은 크림), 초코 소스 도구 에칭펜, 도트펜

1-2 초코 소스를 찍은 에칭펜으로 우산의 윤곽을 그립니다.
　° 우산대를 컵의 손잡이 위치와 맞닿게 직선으로 그려 넣으면 보다 실감나게 연출할 수 있습니다.

3 　초코 소스를 찍은 에칭펜으로 우산 아래쪽에 강아지의 윤곽선을 그려 넣습니다.

4 　갈색 물감을 찍은 도트펜으로 크림을 뭉개며 우산을 색칠합니다.

5-6 같은 방식으로 강아지와 그림자를 색칠한 후, 짧은 선을 그어 빗줄기를 표현합니다.

03 / 괴롭히면 안 돼요

Drawing Recipe ★★★☆☆

재료 물감(식용 색소를 섞은 크림), 초코 소스 도구 에칭펜, 도트펜

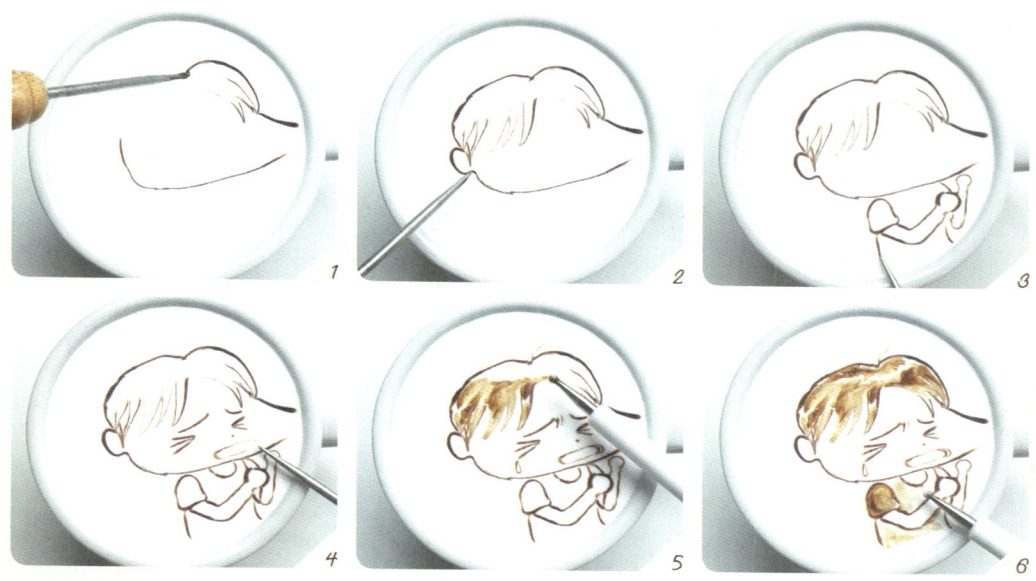

1-3   초코 소스를 찍은 에칭펜으로 얼굴을 먼저 그린 다음 몸통을 그립니다.
        º 손잡이 근처에 얼굴이 늘어지는 부분을 연결하듯 그려 줍니다.

4   우는 표정을 세밀하게 그려 넣습니다.

5-6   갈색 물감을 찍은 도트펜으로 머리카락과 옷에 색을 입힙니다.

Drawing Recipe ★★★☆☆

재료 물감(식용 색소를 섞은 크림), 초코 소스 도구 에칭펜, 도트펜

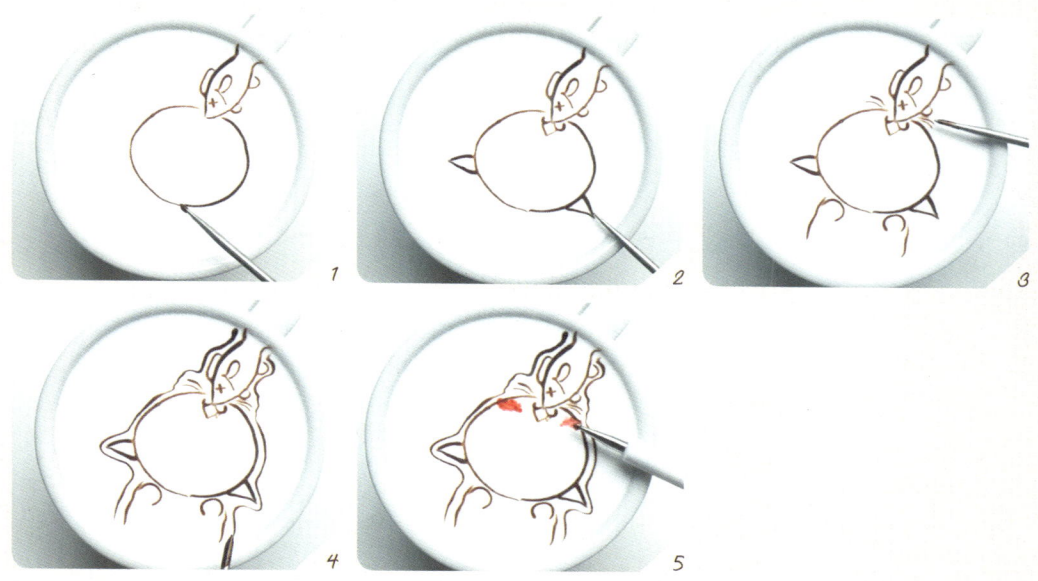

1 초코 소스를 찍은 에칭펜으로 생선을 그린 후 생선의 입과 맞닿게 원을 그립니다.
   ° 손잡이 위치에 생선을 먼저 그리고 나서 고양이를 그립니다.

2-4 생선과 고양이의 얼굴이 닿는 지점에 입을 그린 후 세부를 묘사합니다. 그림을 따라 윤곽선을 하나 더 그려 넣으면 입체감을 살릴 수 있습니다.

5 빨간색 물감을 찍은 도트펜으로 고양이의 양 볼에 포인트를 줍니다.

05 시원한 맥주 한 잔

Drawing Recipe ★★★☆☆

재료 물감(식용 색소를 섞은 크림), 초코 소스   도구 에칭펜, 도트펜

1　초코 소스를 찍은 에칭펜으로 손잡이 근처에 큰 맥주잔을 그립니다.

2-4　먼저 그려 둔 맥주잔의 한 지점과 맞닿게 맥주잔을 하나 더 그리고 인물을 그려 넣습니다.

5　초코 소스를 찍은 에칭펜으로 맥주 방울이 튀어 오르는 모양을 그려 줍니다.

6-7　초코 소스를 찍은 에칭펜으로 글자를 씁니다.

8-9　갈색 물감과 노란색 물감을 찍은 도트펜으로 각각 머리카락과 맥주잔에 색을 입힙니다.

06 / 뱀파이어의 키스

Drawing Recipe ★★★★☆

재료 물감(식용 색소를 섞은 크림) 도구 에칭펜, 도트펜, 스푼

1   스푼 끝부분으로 빨간색 물감을 크림 위에 얇게 펴 발라 입술의 형태를 잡아 줍니다.

2-4 에칭펜으로 빨간색을 뭉개며 입술 형태를 다듬어 나갑니다.

5-6 검은색 물감을 찍은 에칭펜으로 입술의 윤곽선과 치아를 그려 넣고 음영을 표현합니다.

7-9 빨간색 물감을 찍은 도트펜으로 입술과 손가락을 넣는 자리에 색을 덧칠합니다.
   ° 손가락에 닿는 부분의 색을 더 짙게 표현하면 보다 실감나게 연출할 수 있습니다.

07 / 내 안경 돌려줘요

Drawing Recipe ★★★★☆

재료 물감(식용 색소를 섞은 크림), 초코 소스　도구 에칭펜, 도트펜

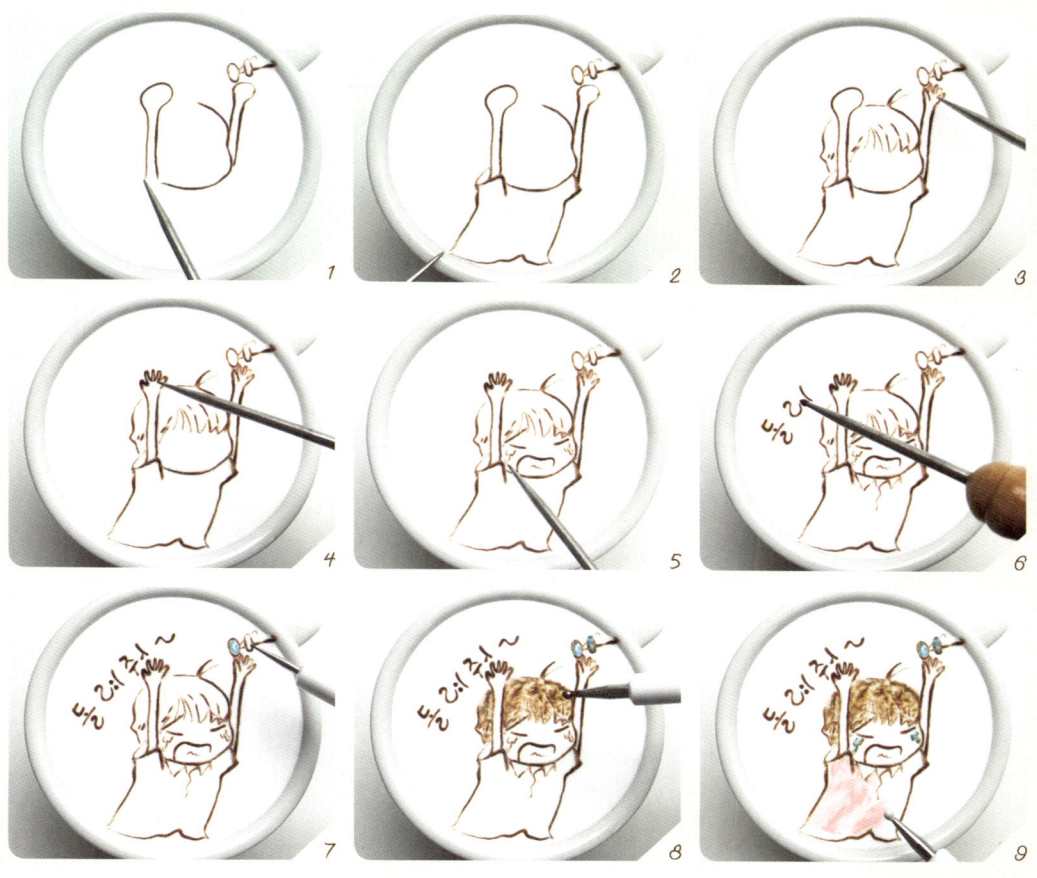

1-3　초코 소스를 찍은 에칭펜으로 안경의 형태와 인물의 윤곽선을 그립니다.
　　°손잡이 위치에 안경을 그린 후 안경을 기준으로 인물의 위치를 잡습니다.
4-5　머리카락 등의 단순한 형태에서 손가락과 표정 등 세부 순으로 인물을 묘사합니다.
6-7　초코 소스를 찍은 에칭펜으로 글자를 써 넣습니다.
8-9　도트펜으로 각 물감을 찍어 색을 입힙니다.

Drawing Recipe ★★★★☆

재료 물감(식용 색소를 섞은 크림), 초코 소스   도구 에칭펜, 도트펜

1-6   초코 소스를 찍은 에칭펜으로 손잡이 근처에 늘어지는 옷을 먼저 그린 후, 위에서 아래 순서로 인물의 윤곽선을 그려 줍니다.

7   초코 소스를 찍은 에칭펜으로 글자를 써 넣습니다.

8   갈색 물감을 찍은 도트펜으로 색을 입히고 음영을 표현합니다.

09 / 여기서 주무시면 안 되죠

Drawing Recipe ★★★★☆

재료 물감(식용 색소를 섞은 크림), 초코 소스 도구 에칭펜, 도트펜

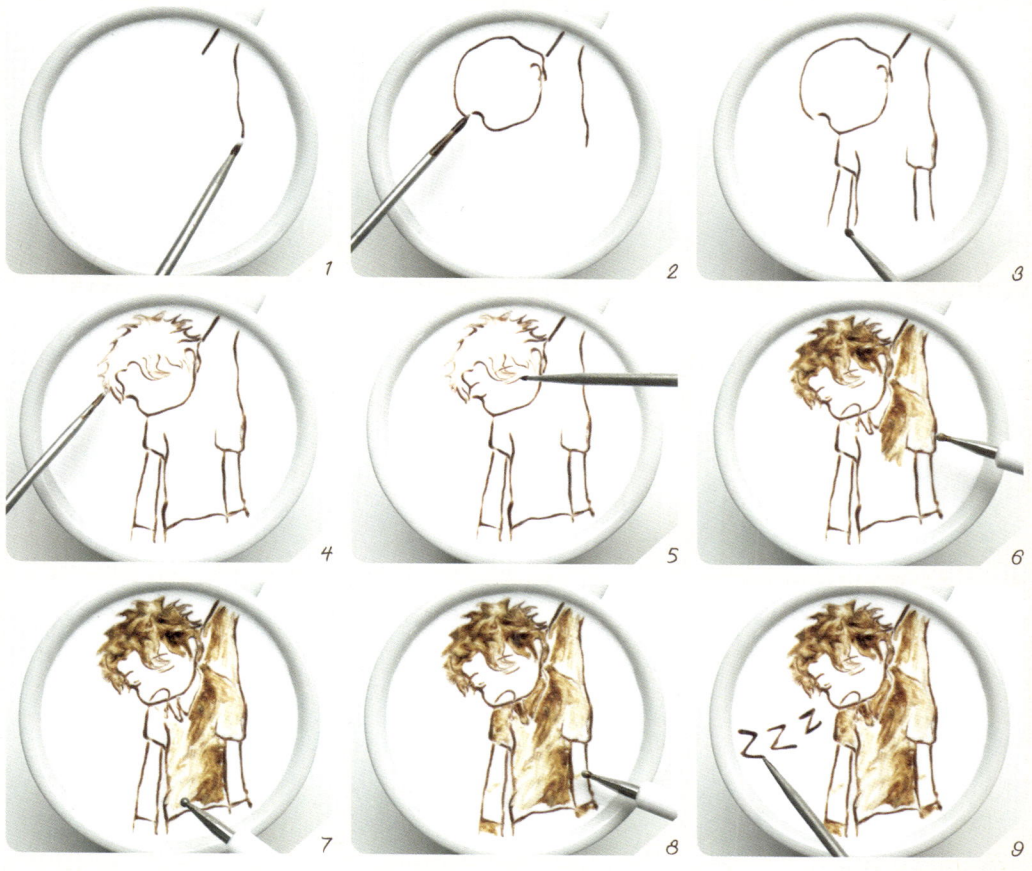

1-3 초코 소스를 찍은 에칭펜으로 손잡이 부분에서 늘어지는 옷을 그려 준 후, 옷을 기준으로 인물의 윤곽선을 그려 나갑니다.

4-5 에칭펜으로 머리 윤곽선을 뭉개며 흐트러진 머리결을 표현합니다.

6-8 갈색 물감을 찍은 도트펜으로 머리카락과 옷을 색칠하고 음영을 표현합니다.

9 초코 소스를 찍은 에칭펜으로 글자를 써 넣습니다.

Chapter 06

소소한 행복을 마시다

01 / 수줍은 곰돌이

Drawing Recipe

재료 물감(식용 색소를 섞은 크림), 크림, 초코 소스   도구 에칭펜, 스푼

1 크림에 초코 소스를 섞어 베이스 위에 얹고 둥근 스푼이나 소스통으로 크림을 한 방울 떨어뜨려 곰돌이 입을 표현합니다.

2 초코 소스를 찍은 에칭펜으로 입 바로 옆에 동그란 곰돌이 눈을 그립니다.

3-4 초코 소스를 찍은 에칭펜으로 곰돌이의 입과 코를 그립니다.
  ° 한 번에 그리면 초코 소스가 딸려 와 선이 뭉개질 수 있으니 바깥쪽에서 안쪽 방향으로 두 번에 나눠 그립니다.

5-6 노란색 물감을 찍은 에칭펜으로 점을 찍듯 꽃잎을 그리고 빨간색 물감으로 볼터치합니다.

02 / 탐스러운 포도 송이

Drawing Recipe

재료 물감(식용 색소를 섞은 크림)   도구 에칭펜, 도트펜

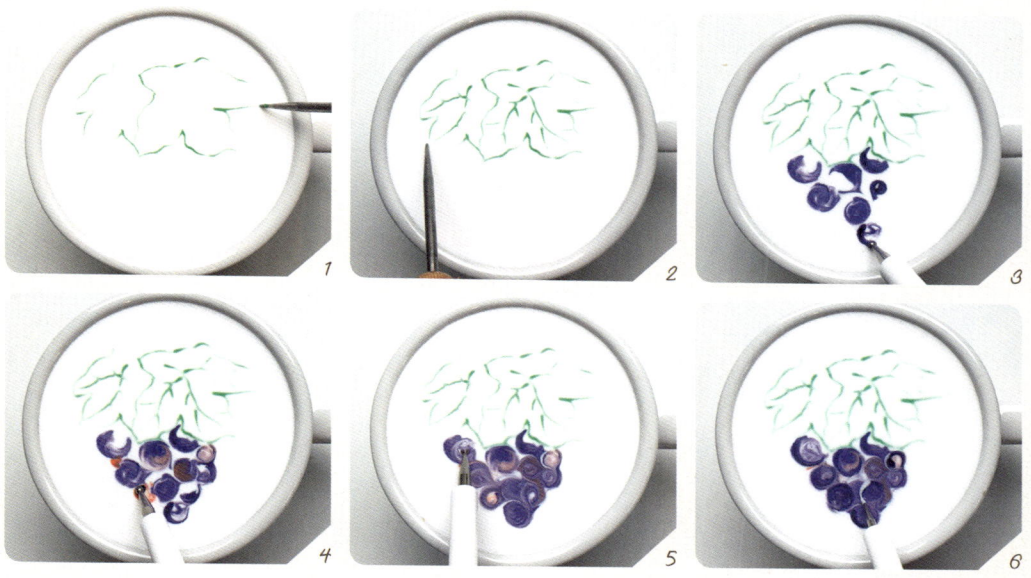

1-2   초록색 물감을 찍은 에칭펜으로 포도 잎사귀의 윤곽선과 잎맥을 그립니다.

3-4   보라색 물감을 찍은 도트펜으로 동그란 포도 알갱이를 한 알씩 그려 넣고 빨간색 물감을 살짝 섞어 줍니다.

4-6   도트펜으로 색을 뭉개며 고르게 정돈한 후 한 번 더 덧칠해 알갱이를 선명하게 표현합니다.

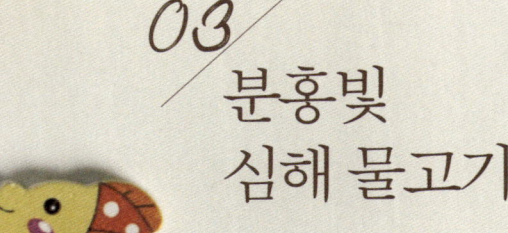

03 / 분홍빛
심해 물고기

Drawing Recipe ★★☆☆

재료 물감(식용 색소를 섞은 크림)   도구 에칭펜, 도트펜, 스푼

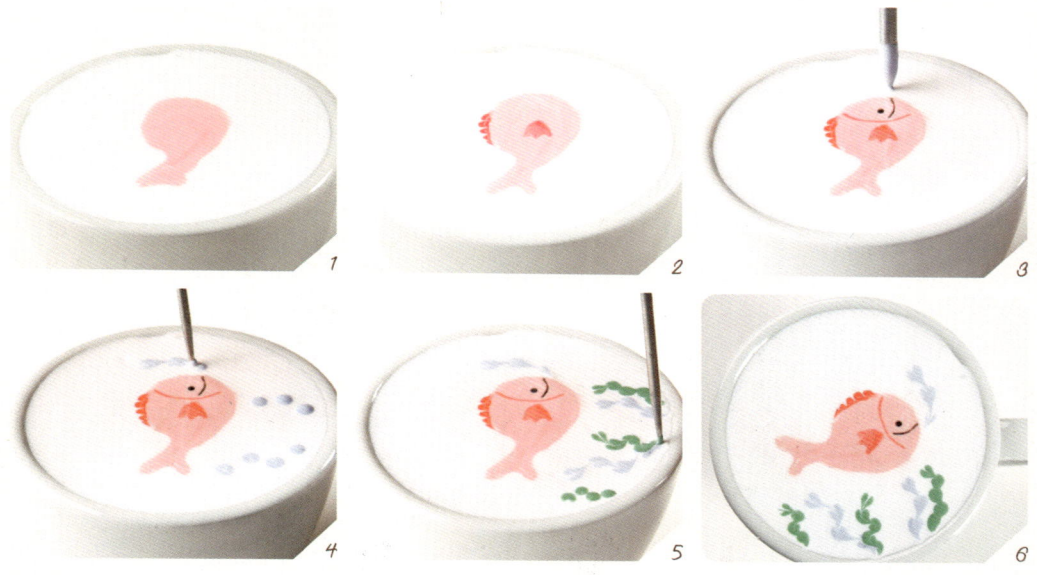

1   스푼으로 분홍색 물감을 크림 위에 펴 발라 물고기의 형태를 잡아 줍니다.
2-3   빨간색 물감를 찍은 에칭펜이나 도트펜으로 지느러미, 입, 아가미 등을 표현합니다.
4   연보라색·초록색 물감을 찍은 에칭펜으로 점을 찍어 기포와 수초를 표현합니다.
5-6   에칭펜으로 바깥쪽에서 안쪽으로 크림을 끌어와 하트 모양의 패턴을 만듭니다.

04 / 행복한 아기 곰과 엄마 곰

Drawing Recipe ★★☆☆☆

재료 물감(식용 색소를 섞은 크림), 초코 소스 도구 에칭펜, 스푼

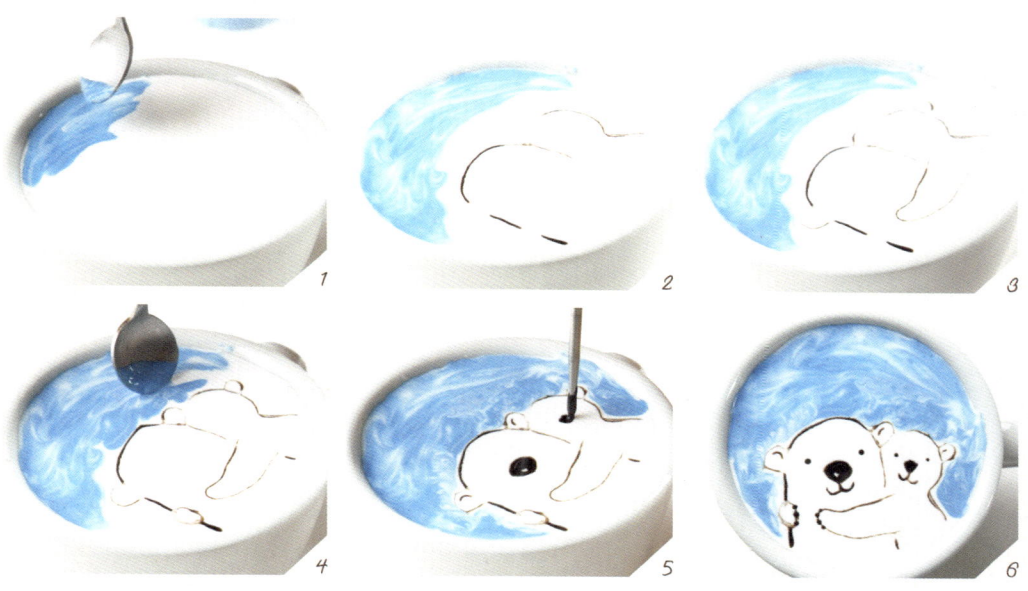

1 스푼으로 파란색 물감을 크림 위에 펴 바르며 배경을 색칠합니다.
2-3 초코 소스를 찍은 에칭펜으로 엄마 곰과 아기 곰이 끌어 안고 있는 모습을 그립니다.
4 윤곽선에 닿지 않도록 스푼으로 파란색 물감을 펴 바르며 남은 배경을 색칠합니다.
5-6 초코 소스를 찍은 에칭펜으로 엄마 곰과 아기 곰의 눈, 코, 입, 발톱을 그려 넣습니다.

05 / 싱그러운 오렌지꽃

Drawing Recipe ★★★☆☆

재료 물감(식용 색소를 섞은 크림)   도구 에칭펜, 스푼

1. 스푼으로 노란색 물감을 크림 위에 한 방울씩 떨어뜨려 꽃잎 형태를 표현합니다.
2. 초록색 물감을 찍은 에칭펜으로 잎사귀의 형태를 거칠게 잡아 줍니다.
3-4. 에칭펜으로 원 안쪽에서 바깥쪽으로 크림을 끌고 가며 뾰족하게 갈라진 모양을 표현합니다.
5-7. 에칭펜으로 아래쪽에서 위쪽으로 S자를 그리며 잎사귀의 패턴을 표현합니다.
8-9. 초록색 물감을 찍은 에칭펜으로 줄기를 그리고 노란색 물감으로 꽃잎 가운데에 점을 찍어 꽃술을 표현합니다.

06 / 사랑을 전하는 하트

Drawing Recipe
★★★☆☆

재료 물감(식용 색소를 섞은 크림)　도구 에칭펜, 스푼

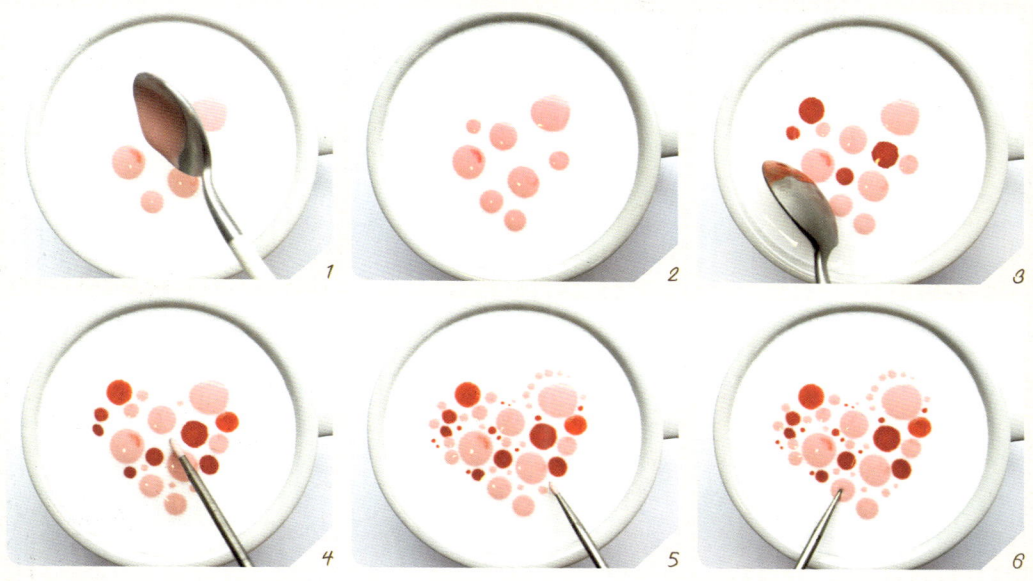

1-3　스푼으로 분홍색 물감과 빨간색 물감을 크림 위에 한 방울씩 떨어뜨립니다.
　　° 큰 원은 스푼이나 소스통, 작은 원은 에칭펜이나 도트펜을 이용해 점을 찍어 표현하며, 이때 원이 서로 닿지 않도록 주의합니다.

4-6　에칭펜으로 작은 점을 찍듯 방울 사이사이에 원을 그려 넣으며 하트를 완성해 갑니다.

07 건강한 차 한 잔

Drawing Recipe
★★★☆☆

재료 물감(식용 색소를 섞은 크림)   도구 에칭펜, 스푼

1-3 스푼으로 빨간색 물감을 크림 위에 얹어 토마토 형태를 잡은 후, 초록색 물감을 찍은 에칭펜으로 한가운데에 꼭지를 그려 넣습니다.

4-5 스푼으로 보라색 물감을 펴 발라 가지의 형태를 잡은 후, 초록색 물감을 찍은 에칭펜으로 가지 꼭지를 그려 줍니다.

6-7 같은 방식으로 당근과 아보카도를 완성합니다.

8   크림을 찍은 에칭펜으로 채소의 세부를 묘사합니다.

08 / 둥실 떠오르는 풍선

Drawing Recipe ★★★☆☆

재료 물감(식용 색소를 섞은 크림) 도구 에칭펜, 스푼

1-3   스푼으로 다양한 물감을 둥근 모양으로 펴 발라 풍선의 형태를 잡아 줍니다.

4-5   에칭펜으로 풍선 끝부분의 물감을 살짝 끌어내려 풍선 꼭지를 표현합니다.

6-7   크림을 찍은 에칭펜으로 도트 무늬를 그려 넣거나 다른 색을 덧입혀 줄무늬를 표현합니다.

8-9   빨간색 물감을 찍은 에칭펜으로 풍선에 연결된 줄을 그려 넣습니다.

09 / 커피 한 잔의 여유

Drawing Recipe
★★★☆

재료 물감(식용 색소를 섞은 크림)   도구 에칭펜, 스푼

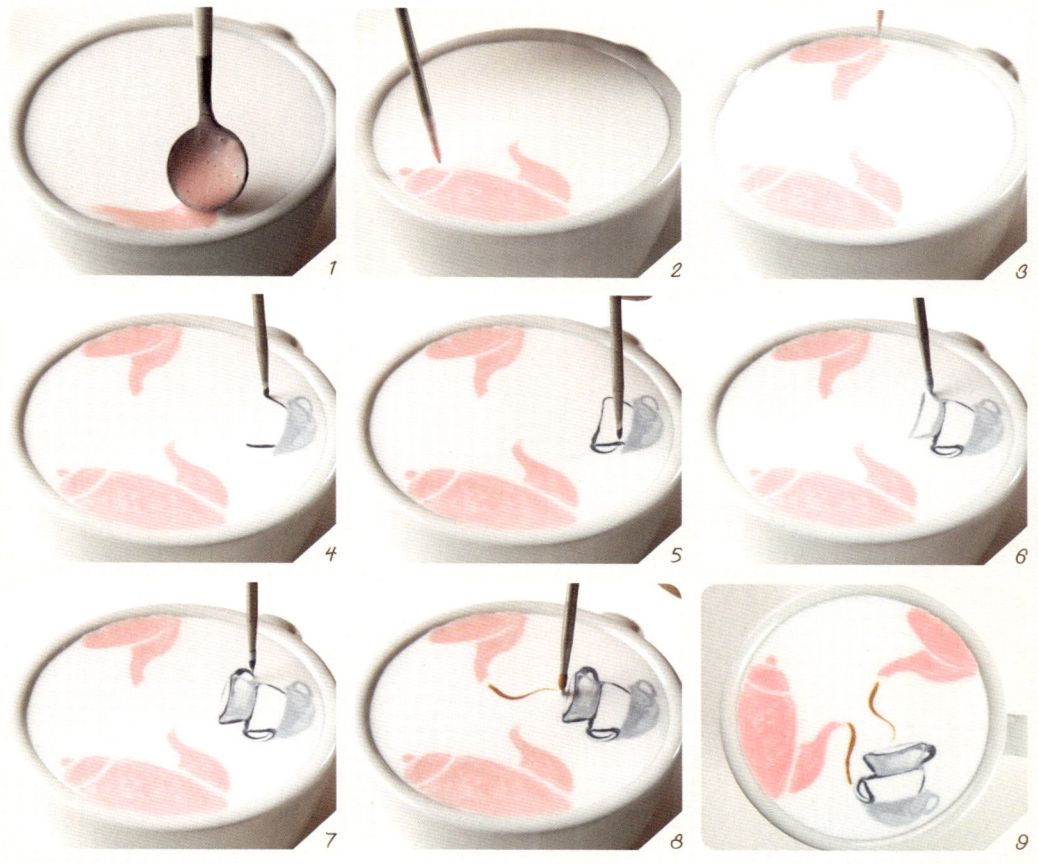

1   둥근 스푼으로 분홍색 물감을 펴 발라 주전자의 형태를 잡아 줍니다.
2-3   에칭펜으로 크림을 한 방향으로 끌어오며 주전자 뚜껑과 주둥이의 형태를 다듬어 줍니다.
4-7   파란색 물감을 찍은 에칭펜으로 찻잔을 그려 넣습니다. 한 잔은 색을 입히고 위에 겹쳐 놓은 잔은 윤곽선만 그려 입체적인 느낌을 살립니다.
8-9   갈색 물감을 찍은 에칭펜으로 주전자에서 흘러나오는 커피를 표현합니다.

Chapter 07

멋스러운 손글씨를 마시다

01 / 늘 사랑합니다

Drawing Recipe
★★☆☆☆

재료 물감(식용 색소를 섞은 크림), 초코 소스 도구 에칭펜

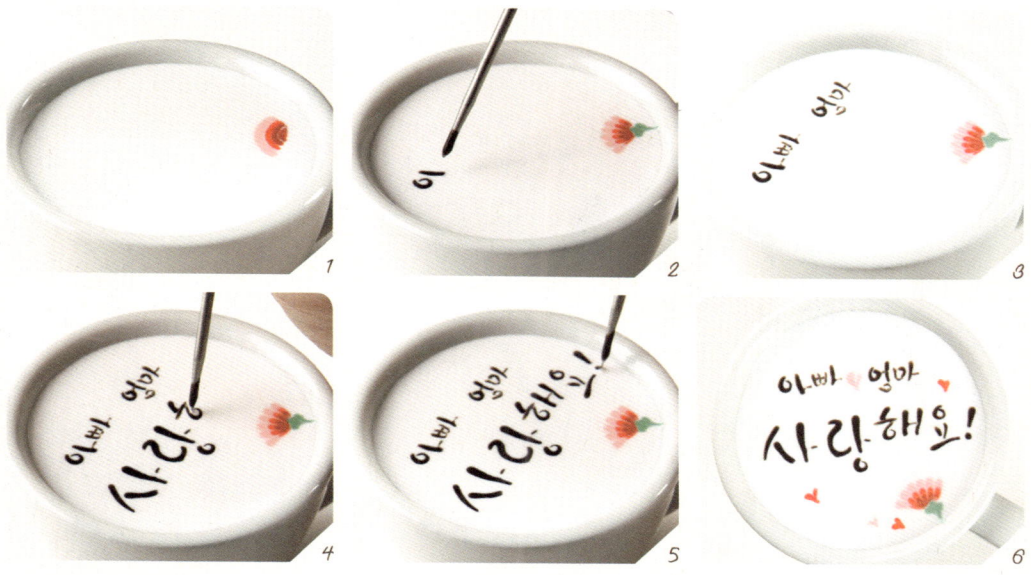

1 빨간색·분홍색 물감을 찍은 에칭펜으로 겹겹의 선을 그려 넣어 카네이션 형태를 잡아 줍니다. 바깥쪽에서 안쪽으로 크림을 끌어내리며 꽃잎 모양을 표현한 후, 초록색 물감을 찍은 에칭펜으로 꽃대를 그려 줍니다.

2-5 초코 소스를 찍은 에칭펜으로 글자를 써 넣습니다.

6 분홍색·빨간색 물감을 찍은 에칭펜으로 군데군데 하트 모양을 그려 넣습니다.

02 / 새해 복 많이 받으세요

Drawing Recipe

재료 물감(식용 색소를 섞은 크림), 초코 소스 도구 에칭펜

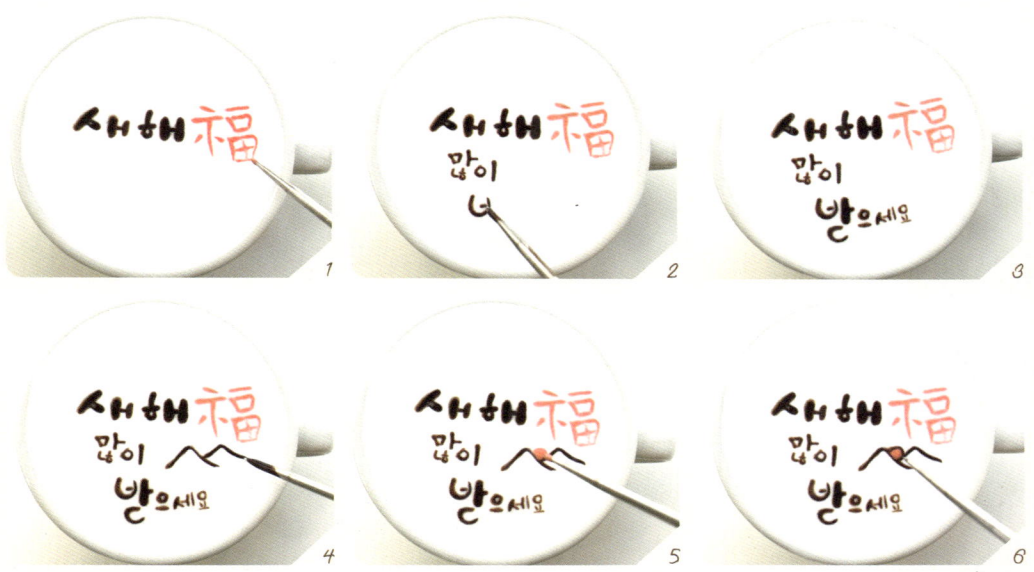

1-3 초코 소스와 빨간색 물감을 찍은 에칭펜으로 글자를 써 넣습니다.
4-6 초코 소소를 찍은 에칭펜으로 산 모양을 그린 후, 빨간색 물감으로 떠오르는 해를 표현합니다.

03 / 생일 축하합니다

Drawing Recipe ★★★☆☆

재료 물감(식용 색소를 섞은 크림), 초코 소스 도구 에칭펜

1-3 초코 소스를 찍은 에칭펜으로 크림 위에 글자를 써 넣습니다.
4-6 한 귀퉁이에 풍선을 그려 넣고, 물감을 찍은 에칭펜으로 글자의 획을 따라 점을 찍어 줍니다.
  ° 글자를 쓸 때는 획이 늘어나지 않도록 주의하세요. 여러 번 획을 그으면 지저분해지니 한 번에 완성합니다.

04 / 기분 좋은 날

Drawing Recipe ★★★☆

재료 물감(식용 색소를 섞은 크림), 초코 소스 도구 에칭펜

1-3 초코 소스를 찍은 에칭펜으로 크림 위에 글자를 써 넣습니다.
4   파란색 물감을 찍은 에칭펜으로 구름을 그려 넣습니다.
5-6 물감을 찍은 에칭펜으로 두 구름을 연결하는 무지개를 그려 줍니다.

05 / 별빛이 쏟아지는 밤

Drawing Recipe ★★★☆☆

재료 물감(식용 색소를 섞은 크림), 초코 소스 도구 에칭펜, 스푼

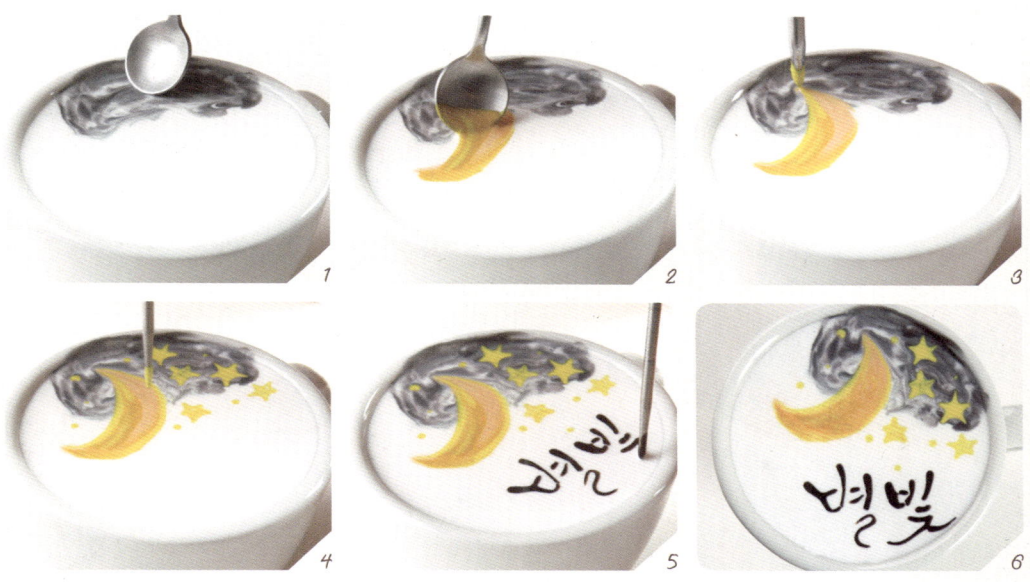

1   스푼으로 검은색 물감을 크림 위에 펴 바르며 구름을 표현합니다.
2   스푼으로 노란색 물감을 펴 발라 달의 형태를 잡아 줍니다.
3   에칭펜으로 달을 윤곽선을 세밀하게 다듬어 줍니다.
4   노란색 물감를 찍은 에칭펜으로 달 주변에 별을 그려 넣습니다.
    °구름 위에 별을 덧칠할 때는 색이 뭉개지지 않도록 조심하세요.
5-6 초코 소스를 찍은 에칭펜으로 글자를 써 넣습니다.

06 / 한가위만 같아라

Drawing Recipe
★★★☆☆

재료 물감(식용 색소를 섞은 크림)   도구 에칭펜

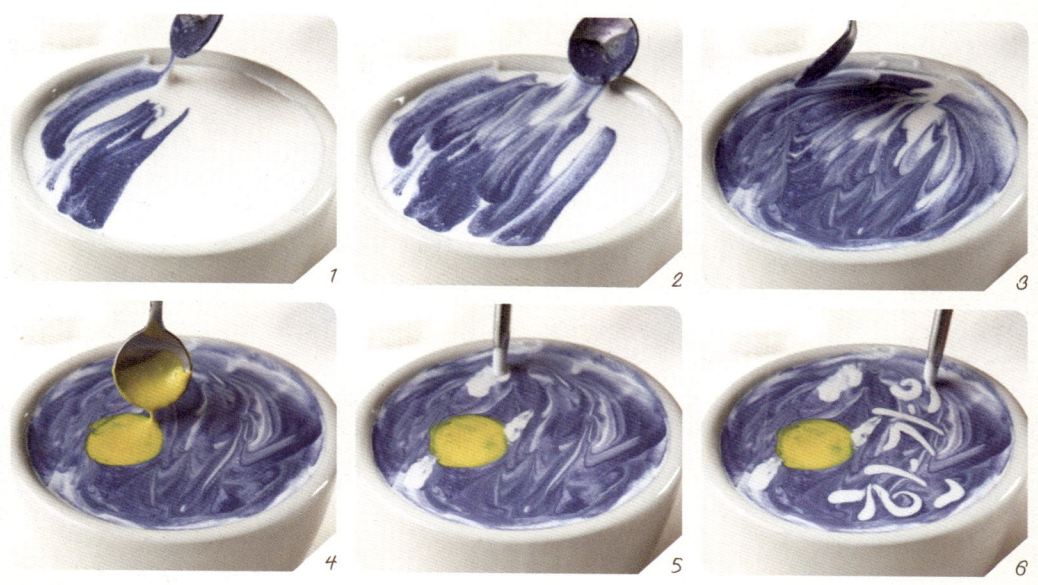

1-3   스푼으로 파란색 물감을 크림 위에 펴 바르며 거칠게 배경을 색칠합니다.
4   스푼으로 노란색 물감을 떨어뜨려 둥근 형태를 잡아 줍니다.
5   크림을 찍은 에칭펜으로 구름을 표현합니다.
6   크림을 찍은 에칭펜으로 글자를 써 넣습니다.

07 / 오싹한
할로윈 데이

Drawing Recipe ★★★☆☆

재료 물감(식용 색소를 섞은 크림), 초코 소스 도구 에칭펜, 푸셔

1-2 푸셔로 파란색 물감을 크림 위에 펴 발라 마녀 모자의 형태를 잡아준 후, 빨간색 물감으로 모자에 포인트를 줍니다.
3   주황색 물감을 찍은 에칭펜으로 둥근 호박을 표현합니다.
4-5 초코 소스를 찍은 에칭펜으로 글자를 써 넣습니다.
6-8 초코 소스를 찍은 에칭펜으로 호박의 눈, 코, 입을 표현하고 윤곽선을 그려 입체감을 살립니다.

08 / 메리 크리스마스

Drawing Recipe ★★★☆☆

재료 물감(식용 색소를 섞은 크림), 초코 소스   도구 에칭펜

1-3 초코 소스를 찍은 에칭펜으로 글자를 써 넣습니다.
4-6 초록색·노란색 물감을 찍은 에칭펜으로 배경에 별과 크리스마스 트리를 그려 넣습니다.

부자되세요

09 / 부자 되세요

Drawing Recipe ★★★★☆

재료 물감(식용 색소를 섞은 크림) 도구 에칭펜, 스푼

1-2 크림에 빨간색 물감를 섞어 베이스 위에 얹고 스푼으로 크림 위에 분홍색 물감을 펴 발라 코의 형태를 잡습니다.

3-5 에칭펜으로 분홍색을 뭉개며 색을 고르게 표현합니다. 같은 방식으로 노란색 물감을 이용해 입을 그려 넣습니다.

6-7 검은색 물감을 찍은 에칭펜으로 점을 찍듯 눈을 그려 넣고 입의 윤곽선을 선명하게 표현합니다.

8-9 에칭펜으로 동전에 윤곽선을 그려 입체감을 더하고 세모난 귀를 그려 넣어 그림을 완성합니다.

Profile

서울종합예술실용학교 겸임교수
C.THROUGH C.E.O
CREAMART Creator

Awards

CHINA FNC CTI LATTE ART Championship Judge
CHINA MBA LATTE ART Championship Judge
CTI LATTE ART DUAL in Hangzhou Judge
Master of CAFE Top 3
KOREA BARISTA AWARD 라테아트 부문 노미네이트

Seminars

2014 Cafe Show 커피 트레이닝 스테이션
한국기업교육센터 세미나
한국기업능률진흥원 세미나
DNG 그린티캡슐 런칭 프로모션
CJ METIER 품평회(서울, 상해, 서안, 남경, 심양, 하얼빈, 북경, 청도)
서울호텔관광직업학교 특강
서울종합예술실용학교 특강
2017 스위트 코리아 라떼아트 세미나
2017 커피엑스포 다빈치 부스 퍼포먼스
네스프레소 커피 앤 칵테일 클래스
퍼블리시스원 크리마트 클래스
VBM 테크니크 런칭 세미나
2018 평창동계올림픽 세미나

Etc.

CNN News
NBC News
ABC News
The Independent
American Way
정부간행물 〈Weekly공감〉
대한민국 정부 포털 Korea.net
넷플릭스 '범인은 바로 너'
MBC '마이 리틀 텔레비전'
SBS '세상에 이런 일이' 799회/900회
대한항공 CF
LG V30 CF
후디스 노블 CF

INSTAGRAM.COM/LEEKNAGBIN91
INSTAGRAM.COM/c.through

Lee, kang bin
- Creamart Creator

Drawing Art on Coffee
크리마트

초판 1쇄 인쇄 2018년 9월 27일
초판 1쇄 발행 2018년 10월 04일

지은이	이강빈
발행인	김태웅
책임편집	박소현
편집장	강석기
편집총괄	황준
기획진행	김지은
디자인	MOON-C design (llady09@naver.com)
마케팅 총괄	나재승
마케팅	서재욱, 김귀찬, 오승수, 조경현, 양수아, 김성준
온라인 마케팅	김철영, 양윤모
제작	현대순
총무	김진영, 안서현, 최여진, 강아람
관리	김훈희, 이국희, 김승훈
발행처	㈜동양북스
등록	제2014-000055호
주소	서울시 마포구 동교로 22길 (04030)
전화	(02) 337-1737
팩스	(02) 334-6624
웹사이트	http://www.dongyangbooks.com

ISBN 979-11-5768-423-6 (13590)

* 본 책은 저작권법에 의해 보호를 받는 저작물이므로 무단 전제와 복제를 금합니다.
* 잘못된 책은 구입처에서 교환해 드립니다.

이 도서의 국립중앙도서관 출판예정도서목록(CIP)은 서지정보유통지원시스템 홈페이지(http://seoji.nl.go.kr)와
국가자료공동목록시스템(http://www.nl.go.kr.kolsnet)에서 이용하실 수 있습니다.
(CIP제어번호:CIP2018024584)